编写委员会

主　编：邵佳洪

副主编：王　健　龚奇俊

编　委：韩平翔　罗维孟　胡伟杰

孙　立　苗钊宽　刘园园

田雪丹　周　征　李特佳

中等职业学校
“德育生活化”育人模式的研究与实践

邵佳洪◎主 编　　王 健　龚奇俊◎副主编

暨南大學出版社
JINAN UNIVERSITY PRESS

中国·广州

图书在版编目（CIP）数据

中等职业学校“德育生活化”育人模式的研究与实践/邵佳洪主编；王健，龚奇俊副主编．—广州：暨南大学出版社，2017.5

ISBN 978－7－5668－2077－8

Ⅰ．①中…　Ⅱ．①邵…②王…③龚…　Ⅲ．①德育—教学研究—中等专业学校　Ⅳ．①G711

中国版本图书馆 CIP 数据核字（2017）第 044935 号

中等职业学校“德育生活化”育人模式的研究与实践
ZHONGDENG ZHIYE XUEXIAO DEYU SHENGHUOHUA YUREN MOSHI DE YANJIU YU SHIJIAN
主编：邵佳洪　副主编：王　健　龚奇俊

出 版 人：徐义雄
策划编辑：黄文科
责任编辑：李倬吟
责任校对：高　婷
责任印制：汤慧君　周一丹

出版发行：暨南大学出版社（510630）
电　　话：总编室（8620）85221601
　　　　　营销部（8620）85225284　85228291　85228292（邮购）
传　　真：（8620）85221583（办公室）　85223774（营销部）
网　　址：http://www.jnupress.com　http://press.jnu.edu.cn
排　　版：广州尚文数码科技有限公司
印　　刷：深圳市新联美术印刷有限公司
开　　本：787mm×960mm　1/16
印　　张：9.25
字　　数：172 千
版　　次：2017 年 5 月第 1 版
印　　次：2017 年 5 月第 1 次
定　　价：28.00 元

前　言

慈溪杭州湾中等职业学校坐落于国家级经济技术开发区、杭州湾跨海大桥的桥头堡——宁波杭州湾新区。学校创立于 1979 年 8 月，是浙江省第一批 83 所技工院校之一。2010 年 5 月迁入现址，新校区按照现代职业教育理念建设，具有理论教学与实训教学一体化和校企一体化功能，占地面积 300 亩，建筑面积 90 614 平方米。学校秉承“以人名校，追求卓越”的校训，以“立德、强技、创新、尚美”为校风，以“德高为范，艺高为师”为教风，以“勤学苦练，自强不息”为学风，把“爱的教育，铁的纪律，美的生活”“做最好自己，让自己幸福，让社会更好”作为办学理念。学校走上了高速发展的快车道，于 2012 年和 2013 年先后被评为省级重点技工学校和国家重点技工学校；2014 年 8 月，浙江省人民政府批准筹建慈溪技师学院。

经济发展，职教先行。职业院校承担着培养有道德、精技能、肯吃苦、会创新、有朝气的技术技能人才的重任，为“中国制造 2025”首个试点城市宁波服务。这是社会的期待、企业的需求，也是家长的祈盼。2012 年，学校基于立德树人的根本任务，围绕社会主义核心价值观，开启了“德育生活化”育人模式的实践探索，形成了广为人知的“杭职现象”，走出了一条独具职业院校德育特色的创新之路。

“中等职业学校‘德育生活化’育人模式的研究与实践”于 2013 年被立为浙江省教科院重点课题，通过近四年的深入研究和实践，取得了丰硕的成果。该课题的研究，不仅理清了德育与生活之间的关系，形成了社会主义核心价值观引领下的育人目标和核心素养，阐明了“德育生活化”与社会主义核心价值观的关系，还构建了以创新教育内容、载体、形式、评价四个维度为抓手的“德育生活化”实践体系，为贴近社会、贴近生活、贴近实际的德育工作的开展奠定了坚实的基础。

通过实践，该成果几年来获得诸多荣誉，并于 2016 年被评为浙江省职业教育教学成果一等奖、宁波市“十二五”最具影响力十大教育科研成果之一。2016年12月初，学校承办了浙江省中等职业教育教学优秀成果（德育类）推广交流会，辐射效应越来越明显。为了加强优秀成果的交流与推广，让更多人受惠，同时，营造更加浓厚的科研氛围，促进教师专业成长，推动学校内涵发展，我们将成果编印出版。本书对“德育生活化”进行了总结梳理，展示了学校在这方面的成功经验和案例，相信不仅对职业院校，也将对普通中小学产生一定的参考借鉴作用。最后，感谢为本书的出版付出大量精力与时间的领导、专家和老师。由于编者水平有限，难免有不足之处，敬请读者批评指正。

编　者

2017 年 1 月

Contents 目录

第一章

《中等职业学校“德育生活化”育人模式的研究与实践》主报告

生活是教育的源泉，也是教育的归宿。“德育生活化”是职业学校培育和践行社会主义核心价值观，将其落细、落小、落实的生动体现，是基于学生的学习、生活和养成教育的需要，以培养学生自律、自信、自主、自强为目标，以问题为导向，把理想的思想品德教育回归于现实生活，从细节入手，开展具体化、可执行的德育实践，给学生以真善美的教育，为学生未来的幸福生活奠基，满足未来岗位能力和个人职业生涯发展的需要。

生活是教育的源泉，也是教育的归宿。学校德育工作作为素质教育的灵魂，只有与学生的学习及生活经历紧密结合才能行之有效。自 2012 年开始，为提高德育工作的针对性、显性化和成效化，学校基于立德树人的根本任务，围绕社会主义核心价值观，开展了“德育生活化”育人模式的实践探索，走出了一条独具职业院校德育特色的创新之路，赢得了各地职业院校的普遍关注。

一、问题的提出

德育一直是学校工作的核心环节，也是“两会”重点关注的教育热点问题，受到了党和国家、人民的高度重视。“德育生活化”是职业学校培育和践行社会主义核心价值观，将其落细、落小、落实的生动体现，是基于学生的学习、生活和养成教育的需要，以培养学生自律、自信、自主、自强为目标，以问题为导向，把理想的思想品德教育回归于现实生活，从细节入手，开展具体化、可执行的德育实践，给学生以真善美的教育，为学生未来的幸福生活奠基，满足未来岗位能力和个人职业生涯发展的需要，旨在解决当前中等职业学校（以下简称中职学校）德育工作存在的三大问题。

问题一：中职学校缺乏社会主义核心价值观落细、落小、落实的有效途径。

党的十八大明确提出了社会主义核心价值观，并强调要在中小学校园内，积极培育和践行社会主义核心价值观，以此来占领青少年思想道德建设的主阵地。但社会主义核心价值观是抽象和高度凝练的意识，中职学生的知识和生活经验有限，难以接受和理解。通过调查发现，许多中职学校在培育和践行社会主义核心价值观上，以传授和灌输为主，内容抽象，载体和形式单一，并没有找到将其落细、落小、落实的有效途径。习近平总书记强调，培育和践行社会主义核心价值观，一是要坚持知行合一、坚持行胜于言，在落细、落小、落实上下功夫；二是要注意把社会主义核心价值观日常化、具体化、形象化、生活化，使每个人都能感知它、领悟它，内化为精神追求，外化为实际行动。因此，寻找具体形象、生活化的德育途径让学生感知和领悟成为当前德育工作的重要内容。

问题二：中职学校德育管理模式教育目标过高，教育内容与生活脱节。

目前，我国中职学校德育管理模式类型多样，如以学生自主进行道德实践活动为中心的行为德育，以师生手牵手、老师关心和帮助学生成长为核心的牵手德育，以军事化、心理健康、人文素质培育为主的三元整合德育，以角色扮演进行德育渗透的角色教育，以素材的生活性和过程的体验性为主的德育，以专业化、系统化、军事化、自主化、人性化为特点的五化德育等。但是通过对比发现，现有中职学校德育模式对学生的自我约束、自信心、志愿服务、劳动和吃苦精神、个性和特长、企业“7S”管理理念等方面的培养是碎片化的，普遍缺乏系统化的实践体系。有些目标过高，难以实现；有些德育内容不够贴近学生的学习与生活，趋向成人化，忽视了学生的身心和年龄特点，灌输说教多；有些德育活动单调，评价科学性和趣味性不足，吸引力和认同感不强，家庭和社会参与德育积极性低。虽然中职学校在德育方面取得了一定的成效，但社会评价依然不高。

问题三：中职学生自卑涣散现象明显，吃苦精神和合作沟通意识欠缺。

基于当地中职学校近年来学生中考成绩分析，我们发现全市中职学生平均总分占中考满分的 55% ~60%，55% 左右的学生人生目标不明确，50% 左右的学生对学习不感兴趣，学习与行为习惯不良，缺乏自我约束和控制能力，打架、骂人、吸烟、早恋、沉迷网络等现象时有发生，经常受到老师和家长的批评。67% 左右的学生怕脏、怕苦、怕累，逃避打扫卫生。独生子女占 60% 左右，父母溺爱子女，过分重视分数，品质教育缺失。这些学生在初中阶段很少有担任班干部、小组长、课代表的机会，管理能力弱、合作意识淡薄，导致学风不佳、校风不正，从而造成学校招生困难。

二、解决问题的过程与方法

总体设计思路为：

第一，基于学生的学习生活和实训实习，从细节着手，逐条落实日常行为规范和职业规范。

第二，把规范要求内化为学生的自我教育，凸显学生发展过程的主体性和体验性，实现由他律向自律、由自卑向自信的转变。

第三，结合学生身心特点，创造条件，培养吃苦耐劳、合作沟通、志愿服务等职业素养。

第四，结合专业教学，引入“7S”理念和企业文化，培养学生走向职场应具备的职业精神。

（一）教育内容通俗化，让学生内省自律生活

为了培养学生的学习和行为习惯，提高自律性，将社会主义核心价值观与中

职学生的特点紧密结合起来，人本化地解读和发展，让他们的潜力得到更加合理的利用与发挥，将社会主义核心价值观转换成中职学生通俗易懂、喜闻乐见的内容，从而让抽象、高度凝练的价值观更容易被他们认同、掌握与践行。

1. 101细节"炼"行为

学校提出"争做'孝·礼·美'好青年"行动计划，开展"大孝爱祖国，中孝爱集体，小孝爱家庭"孝德教育，制定出101个生活细节。这些细节由学生自己寻找并选定，从学生的仪容仪表到西服、裙子的穿着，再到如何跳礼仪操、韵律操、华尔兹以及对老师和来访贵宾的见面问候等，涵盖品德、行为诸方面的具体要求，简单明了，可操作性强。与此同时，学校还给每名学生发了两本特殊的德育作业本，一本叫"心律本"，另一本叫"修身本"，时刻提醒学生把101个细节作为自己的行为准则，做到德育内化于心，外化于行。

2. "7S"管理"炼"意识

学校引进企业"7S"管理理念——整理、整顿、清扫、清洁、素养、安全和节约，以此来规范教室、寝室、实训室的物品摆放，做到物品定位、有序排列、干净齐整。第一，设立专门的"卫生工具房"，卫生工具集中统一归类编号。第二，实训室功能区划分明确，工具量具放置规范，课桌椅物品摆放统一。第三，明确责任人，每天检查考核教室、寝室、实训室、工具房的"7S"执行情况，及时反馈和整改，培养学生良好的劳动态度和职业精神。

3. 经典诵读"炼"精神

学校推行"学经典、读经典、诵经典"活动，从《论语》《孟子》《三字经》等中华文化名著的经典篇章中提炼出慈孝、宽厚、敬业、向善、诚信和礼仪6个部分的内容，编写了《生活教育读本——中国传统文化》《生活教育读本——励志诗歌80篇》等教材，通俗易懂，富有现代气息，贴近生活，并配上故事与漫画，深受学生喜爱。此外，学校每天开展"经典一刻"诵读活动，每周开设国学选修课，每学期举办全员参加的"诵经典、写好字"比赛，努力让社会主义核心价值观和忠、孝、仁、义、信、廉等中华传统美德入脑、入心、见行，营造良好的育人氛围。

（二）教育载体多样化，让学生体验自信生活

生活世界的丰富多彩决定了社会主义核心价值观教育的载体也是多种多样

的。推倒思维围墙，整合德育资源，向社会要力量，与中职学生的生活对接，让学生感受到关爱，克服自卑感，增强自信心。

1. “五声”快乐回响

为了让学生拥有乐观的心态、积极的人生观，学校深化了包括口号声、歌声、掌声、笑声、感恩声的“五声教育”。每次集会都以国歌开始，以校歌结束，用掌声表示感谢；每班有班旗、班歌和口号，学生见到老师和来宾要主动问好；每年开展春季诗歌、夏季军歌、秋季红歌、冬季欢歌“四季沐歌”活动；每周放学，通过全校集会讲感恩故事、朗诵感恩词等多种形式进行感恩教育、安全教育，最后师生互道再见。

2. “三联”活动育人

生活是一个关系体系，德育更是学生向社会生活过渡和回归的重要途径。通过师生联心、家校联盟和社校联动，丰富了“德育生活化”育人资源（见图 1－1）。

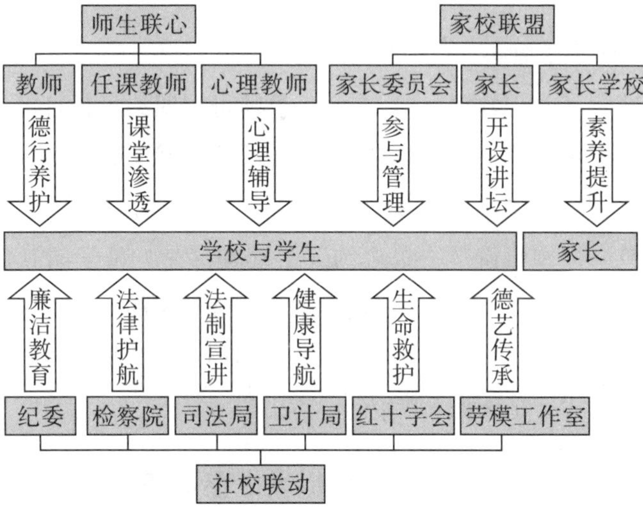

图 1－1　花季关护，“三联”育人

（1）师生联心。在课堂教学中，每位教师结合教学内容，把社会主义核心价值观落实到德育目标之中，实现课程的育人功能。同时，推行学生德行养护，以寝室为单位，从新生入学到毕业，每位教师养护约 10 名学生，经常深入课堂、食堂、寝室、家庭和企业，时刻关注学生的思想、心理、学习、生活、行为习惯，参与学生活动。

（2）家校联盟。充分发挥家长委员会、家长学校的作用。邀请家长参与学校发展规划的顶层设计，学校食堂、超市、校服等项目的招标，以及学生重大违纪处理的听证会。举办“家长开放日”，邀请家长进课堂听课、观摩技能节，开设创新创业讲坛、法制和道德讲堂、“职业导航”讲座。为家长开设心理健康教育、亲子关系、未成年人犯罪预防等课程。

（3）社校联动。学校与检察院共建“花季关护工作室”。检察官以法制讲座、主题班会、心理咨询、模拟法庭等为载体，进行传帮带教滚动式教育活动，编印《花季关护报》，开发“法制与人生”六大素养培训菜单，拍摄青少年普法微电影，用法律为学生的成长护航。与纪委共建廉洁教育基地，与司法局共建法制教育示范基地，预防青少年违法犯罪。此外，还与卫计局共建青春健康俱乐部，与红十字会共建生命救护基地。建立“全国劳模工作室”，培养一支向全国劳模看齐的技能人才预备队，多名学生已成为劳模的徒弟。与当地知名企业共建“技能大师工作室”团队，开展大师带徒、技术攻关、产品研发，做到校企无缝对接。

3. 周四电话表扬

学校积极践行“赏识教育”。一方面，教师每周四给家长打电话、发短信对学生进行表扬，引导家长发现孩子的优点，学会赏识孩子，增加家长对孩子的信心，实现由“差评”向“点赞”的转变；另一方面，为有效防止学生出现心理健康问题，学校高标准建设“心灵之约”心理辅导站，每学期对全校学生进行心理测试，建立学生心理健康档案，时刻关注心理异常的学生，开设倾听热线等多种形式关注心理存在困惑的学生。此外，每周还通过校长接待日、学生与学校领导共进午餐等方式，充分倾听学生的心声。

（三）教育形式日常化，让学生担当生存责任

培育社会主义核心价值观，贵在坚持，重在培育适宜它生长与传播的土壤。通过劳动实践、学生自主管理等举措，解决了大部分学生欠缺吃苦精神的问题，使他们以诚信友善的态度与敬业的职业精神，把社会主义核心价值观种进自己的心田。

1. 厕所打扫，营造“劳动光荣”氛围

每学期通过招标，由班级承包教学楼、食堂、操场的厕所保洁除臭工作。每周轮流安排一个班级，班主任和学生一起参与校园礼迎、洒扫，督查学生秩序。

撤销教学楼的移动垃圾桶，要求学生从捡垃圾做起，捡回一份责任，捡回道德素养。每个班级认养一片绿化区。营造“劳动光荣”氛围，培养学生不怕累、不怕脏的吃苦精神。

案例一 甬江两岸遍开文明花

——浙江宁波推进社会主义核心价值观落小落细落实

在宁波杭州湾职校，扫厕所是学生们的一件大事，学校的目标很明确——培育学生热爱劳动的品格。2014 年 9 月，全校 23 个班级的 932 名学生递交了投标书，争当厕所保洁员，场面相当火爆。该校副校长黄百央说：“扫厕所在别人眼里可能只是一件小事，但对我们来说，却是一个很好的切入口，德育不是喊口号，应该是有血有肉，要让学生看得见、摸得着的。”

（《甬江两岸遍开文明花——浙江宁波推进社会主义核心价值观落小落细落实》，《光明日报》2015 年 1 月 4 日。）

2. 自主管理，培养“主人翁”精神

以“五四精神”为榜样，加强学生会、共青团建设，设立 1 个主席、9 个副主席、19 个部门（见图 1－2）。建立学生志愿服务大厅，向同学们提供招生就业咨询、阳光卡兑换、课程选择、学分认定、物品报修、快递派送等一站式服务。通过自我管理、自我教育、自我服务，培养学生当家做主的主人翁精神。

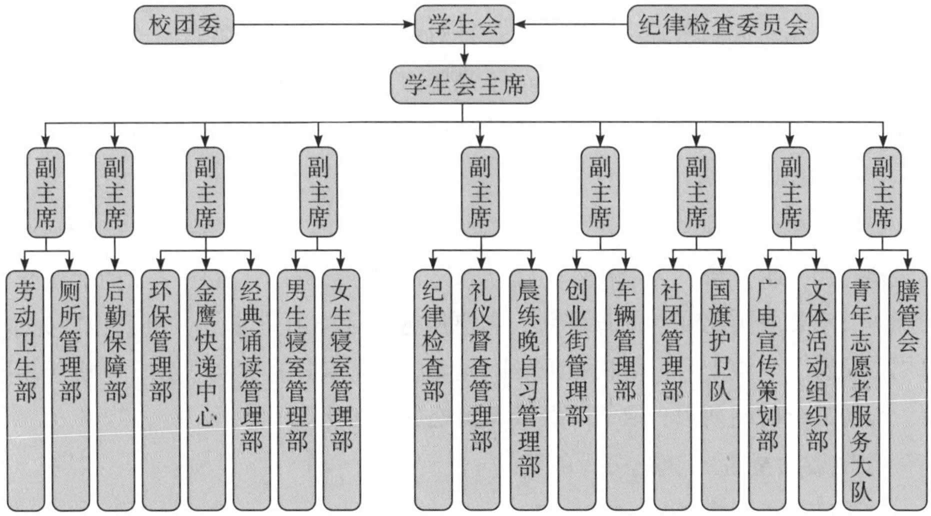

图 1－2 “1919”学生自主管理结构图

3. 志愿服务，树立“公民道德”意识

SMC 是微笑（smile）、模范（model）、合作（cooperation）的简称，以“微笑促成合作”为服务理念，建立 86 个青年志愿者服务基地，推出绿色环保、温馨服务、纪律督察和礼仪接待等 28 个学生服务岗位。每学期学生评优评先，要求志愿服务满 20 小时；团校毕业，要求志愿服务满 8 小时；业余党校毕业则要求志愿服务满 16 小时。每个学生毕业需 3 年累计志愿服务不少于 20 小时。

案例二 天生脑瘫的他有个中国梦：做志愿者，帮助更多的人

“我要做好一名志愿者，更多地帮助别人，我也要像别人一样，尽力播撒爱和阳光。我会尽最大努力做好一名志愿者，尽最大努力去回馈和感恩，让世界都充满爱。”这就是阮鑫款的梦，一位天生脑瘫儿的中国梦。阮鑫款是杭州湾职校一名普通的学生，因为天生脑瘫，他的亲戚曾经劝其爸爸放弃让他读书。因为同学异样的眼光，他自卑过……但是在杭州湾职校的老师、家长、关工委和社区老党员的帮助下，凭借着自己对生命的顽强抗争，更凭借着对他人的无私帮助和奉献，他战胜自己，走出阴影，被同学尊称“最美款哥”。

（《天生脑瘫的他有个中国梦：做志愿者，帮助更多的人》，《钱江晚报》2014 年 1 月 21 日。）

（四）教育评价趣味化，让学生感悟生命价值

科学而有趣味的评价机制能形成青少年思想道德发展的内驱力，对社会主义核心价值观培育起到激励和鞭策作用。针对中职学生喜动的特点，学校推出一系列趣味评价办法，让学生感受更多的不是压力，而是激励。同时，发挥榜样的示范作用，促进学生自立自强，增强团队合作意识。

1. 阳光卡激励

针对学生的各种“善行”，学校推出阳光卡制度，聘请了 64 名“阳光经理”学生执行阳光卡评价，为全校学生建立志愿者积分数据库，鉴定学生的活动开展情况。凡参加各类比赛、德育实践、志愿服务以及学习进步等，可获得阳光卡。每周二集会，学生上台，由校长颁发阳光卡。阳光卡具有替换学分、兑换活动门票、缩短处分时间期限、取消降级或撤销处分等功能。

2. “校园星星”评比

每学期评出 10 类明星学生，诚信之星、友善之星、劳动之星、纪律之星、体育之星、阅读之星、礼仪之星、进步之星、“7S”之星和技能之星。每年评出

"十佳爱心家长""校园感动人物""百名慈孝之星"。通过分享一个个"平民英雄"积极的人生态度和优秀事迹，从而培育坚定的社会主义核心价值观。目前，已有50位技能尖子、道德楷模的手印永久地留在"星光大道"上，让"星星"们在英雄般的礼遇中闪耀。

3. "五位一体"评价

构建学生自评，师生共评，家长、企业、社区参评的五位一体的动态评价体系（见图1－3）。以"学生成长手册""修身本""德育活动项目单""101个细节量化考核表"为抓手，利用微信、QQ等"互联网＋"教育为评价手段，实现学生自我评价、教师即时评价、家长赏识评价、社区服务评价、企业实习评价，全面记录学生在校的成长历程。

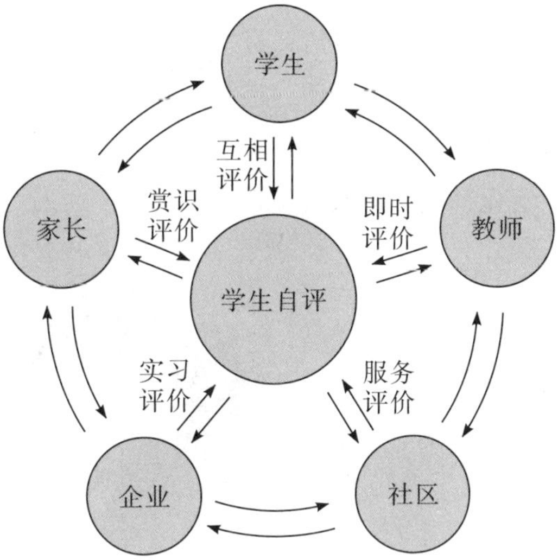

图1－3 五位一体的动态评价体系

三、成果的主要内容

（一）理清了"德育生活化"的内涵

"德育生活化"是基于学生的学习、生活和养成教育的需要，以培养学生自律、自信、自主、自强为目标，以问题为导向，把理想的思想品德教育回归于现实生活，从细节入手，开展具体化、可执行的德育实践，给学生以真善美的教育，为学生未来的幸福生活奠基。生活是德育的源泉，是德育的体现，是德育检验的标准。

（二）梳理了"德育生活化"与社会主义核心价值观的关系

第一，以生活化方式培育中职学生的社会主义核心价值观，具有理论与实践的必然性。这是由社会主义核心价值观、德育工作性质、学生身心发展阶段性特点决定的。第二，以生活化方式培育中职学生的社会主义核心价值观，必须统摄、整合全社会的力量。这是由教育的性质、教育的对象、教育的现实决定的。第三，以生活化方式培育中职学生的社会主义核心价值观，要尽量避免把"生活"窄化。

（三）构建了“德育生活化”的实践体系

为了将培育和践行社会主义核心价值观的途径落细、落小、落实，内容贴近生活、贴近实际、贴近社会，通过“德育生活化”，将社会主义核心价值观转化为学生对自律、自信、自主、自强的发展追求。以增强内省自律生活、体验自信生活、担当生存责任、感悟生命价值的能力为目标（见图1－4），以创新教育内容、载体、形式、评价4个维度为抓手，回归现实生活，构建以人为本的“德育生活化”实践体系（见图1－5）。

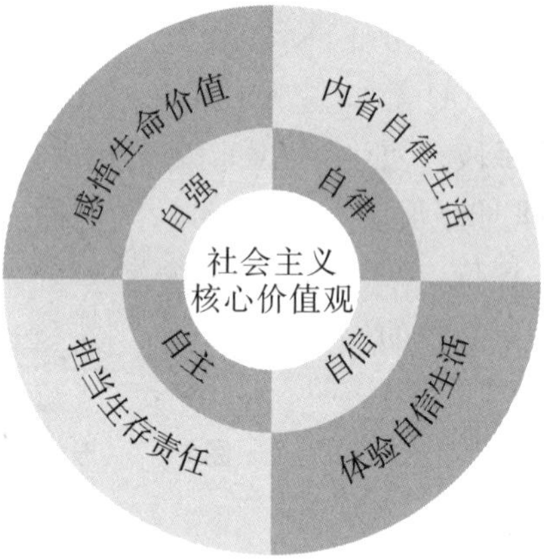

图1－4 “德育生活化”育人目标

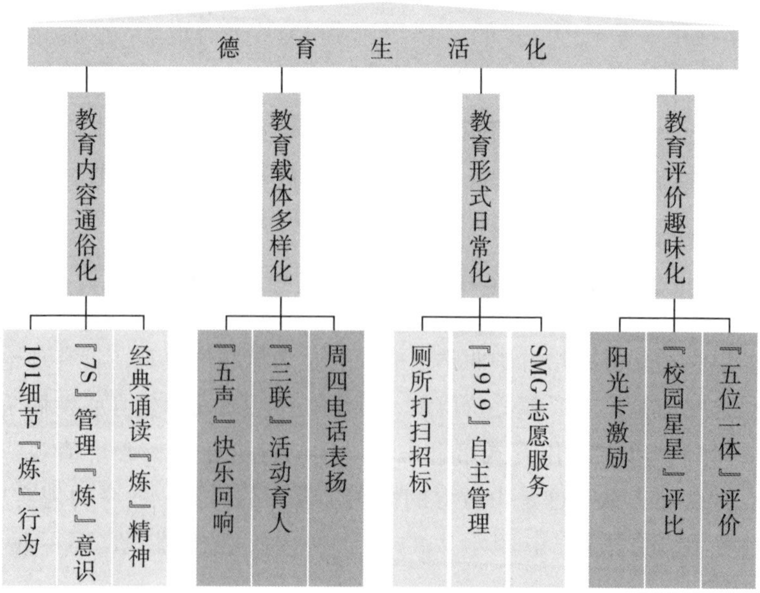

图1－5 “德育生活化”实践体系

四、效果与反思

(一) 效果

“德育生活化”的育人模式，经过4年的实施和完善，育人成效显著，具体表现在以下3个方面：

1. 学生精神面貌发生根本性转变，素质得到大幅度提升

根据追踪分析（见图1－6），2015年比2012年，自律能力好的学生比例增加了35%，而自律能力差的学生则减少了25%。由图1－7可知，2011—2015年，学生违纪比例由31%下降到1.1%，自主能力则从5.7%上升到71.3%。此外，学生人均获得阳光卡由0.73张上升到5.16张。

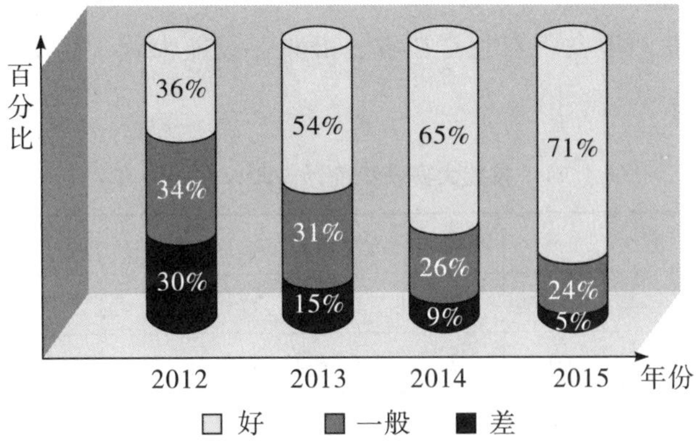

图1－6 2012—2015年学生自律能力统计分析

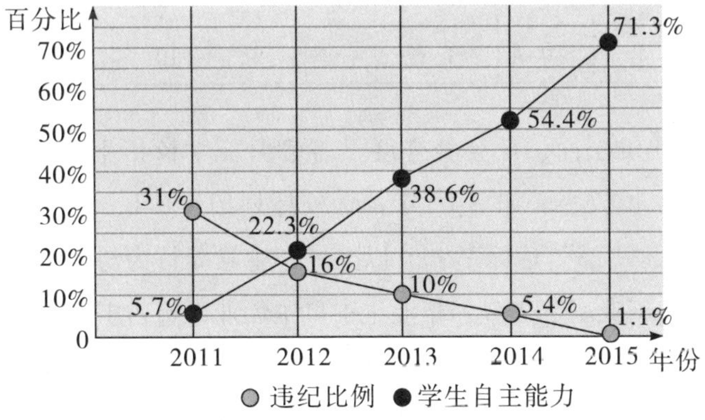

图1－7 2011—2015年学生违纪比例、自主能力统计分析

2. 学校人才培养质量大幅提升，赢得企业广泛赞誉

自“德育生活化”实施以来，不仅提升了学生的“7S”理念、规范意识和心理素质，培养了吃苦耐劳和精益求精的职业精神，还有效提高了中职学生的培养质量，主要表现在以下3个方面：

首先，学校层面，整体实力提升。学校被评为国家重点技工学校，全国青春期教育示范基地，浙江省中职德育实验基地、一级心理辅导站、红十字会达标学校，市德育工作先进集体、教科研先进单位、青少年法制教育基地、示范家长学校和五好关工委。

其次，人才培养层面，技术技能积累提升。学生素养的提升带动了学生专业技能大发展。中级工获证率年均96.5%。2012—2016年，在全国职业院校技能大赛中，学校共获15金11银1铜；在全国中职学生作品展洽会上，学校共获2金2银1铜，并获两项发明专利；在省、市职业技能大赛中，学校共获金、银、铜奖牌289枚（见表1－1）。

表1－1 技能大赛获奖统计（2012—2016年）

年份	国家级			省级			市级			合计
	一等奖	二等奖	三等奖	一等奖	二等奖	三等奖	一等奖	二等奖	三等奖	
2012	2	2	0	2	6	2	8	6	18	46
2013	2	4	1	2	2	4	6	9	15	45
2014	4	0	0	2	7	6	9	18	24	70
2015	5	1	0	2	3	3	9	17	26	66
2016	2	4	0	1	4	5	10	22	41	89

最后，学生评价层面，社会美誉度显著攀升。学校招生逆势飘红，年年爆满。子女入校，家长放心。如2015年，学校计划招生960人，结果前来报名的学生有3 000余人。“7S”达标率90%以上，学生素养行为与企业员工标准同步，企业争抢毕业生，就业率达99%。毕业生中自主创业人员占13.8%（见图1－8），基层管理人员占32.9%，技术骨干占25.3%。平均月工资由2010年的2 562元上升到2015年的4 273元（见图1－9）。“德育生活化”通过点滴的改变，奠定了学生职业生涯发展的基石，赢得了众多企业的广泛关注和好评。

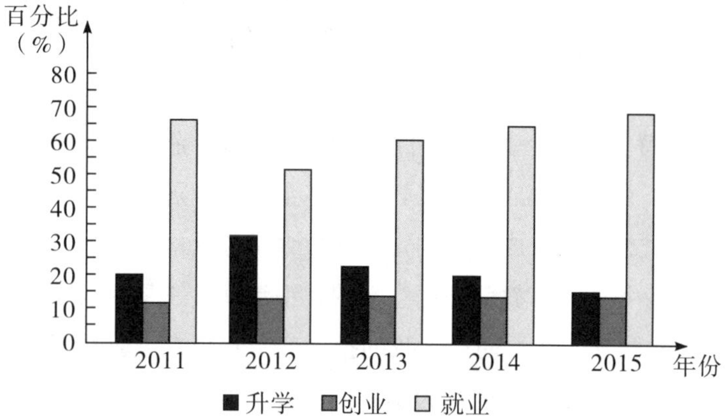

图 1－8 2011—2015 年毕业生去向统计细分表

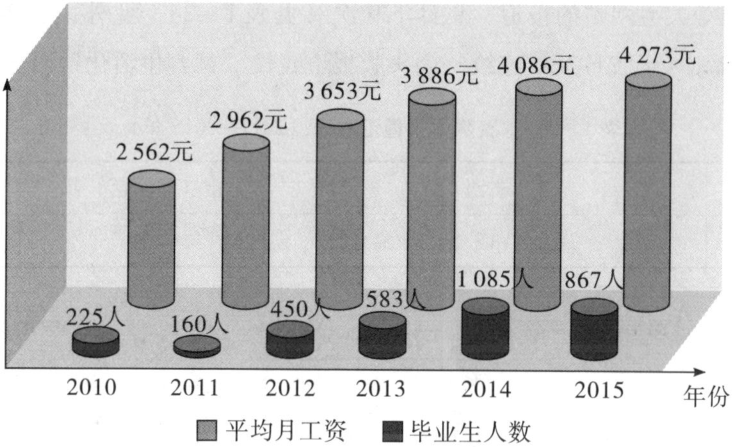

图 1－9 2010—2015 年毕业生就业工资统计分析

3. “德育生活化”社会服务功能彰显，发挥示范引领作用

（1）领导关注。时任浙江省委常委、宁波市委书记刘奇批示，“很有意义，从‘细节’入手开展爱国主义教育，坚持不懈，必定会入心、入脑、见行”，希望学校继续创新教学模式，为社会培养和输送更多的技术能手和骨干。2012 年，学校“德育生活化”育人模式的研究与实践项目被确立为省级教育科学规划重点课题，旨在理论引领，实践落实。

（2）同行学习。据统计，上海、江苏、海南、新疆等地 310 余批同仁来我校考察学习。目前，周边已有 4 所职业学校、8 所义务制学校推广我校的做法。2016 年 12 月 6 日，浙江省中等职业教育教学优秀成果（德育类）推广交流会在我校成功举办，社会反响强烈。台湾中山工商职业学校校长陈国清评价我校：“在学生礼节、生活教育、品德教育等方面都着实有精进成长，足为浙江区域教育界之楷模，令人感佩。”

（3）社会支持。一是企业的认同，当地 42 家知名企业在学校建立了企业理事会，专门设立了针对学生成长的奖教奖学基金，企业冠名班在本校实现了全覆盖。二是社会的赞誉，学校成为全国青春期教育示范基地，承办省检察院组织的花季关护现场会等各类具有教育公益意义的大型活动。三是家长的表扬，一名家长说：“自从开展德育实践活动后，我的孩子变了：越来越勤快了，回家会主动做家务了，也会自觉约束自己的行为了，还懂得感恩父母了。”

（4）媒体宣传。2011—2015 年，“德育生活化”育人模式得到了《光明日报》《中国教育报》《浙江日报》等主流纸质媒体，以及央广网、新华网、人民网、腾讯网等大型网站的报道，总计 129 次（见表 1－2）。此外，从 2014 年 11 月 25 日开始，《宁波日报》连续一周头版报道我校“德育生活化”育人模式。

表 1－2　主流媒体报道汇总表（2011—2015 年）

级别	国家级	省级	市级	市（县、区）级	合计
次数	26	17	22	64	129

光明日报
走新路后发赶超
深改革从管到治
为孩子扣好第一颗纽扣
浙江日报
全面贯彻党的外交大政方针 进一步开创军事外交新局面
以法治为引领开创政法工作新局面
十六岁，花季如歌
宁波日报
杭州湾职校近千学生争当厕所保洁员
宁波加快建设“一带一路”支点城市

图 1－10　国家、省、地级市主流媒体报道我校

（二）反思

经过 4 年的探索与实践，学生的精神面貌发生了根本性的变化，从涣散走向自律，从自卑走向自信，培养了吃苦耐劳、精益求精的敬业精神，提高了团队合作和创新创业能力。但仍存在很多亟待完善的地方，在今后的发展中如何避免重集体生活、轻个体生活，避免重校内生活、轻校外生活，避免重现实生活、轻虚拟生活，从而引领学生在多姿多彩的道德生活中奏出和谐优美的乐章，为学生职业生涯发展植入真善美的道德因子，仍需理论的进一步深化以及实践的摸索。

附件一 时任浙江省委常委、宁波市委书记刘奇，慈溪市委书记卞吉安批示

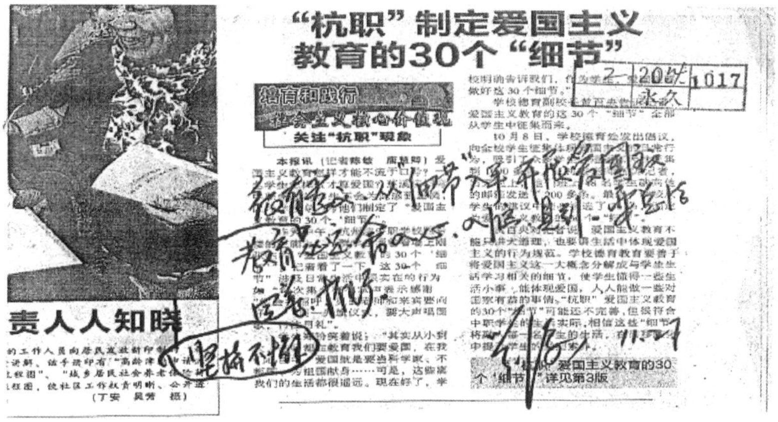
"杭职"制定爱国主义教育的30个"细节"

培育和践行社会主义核心价值观

关注"杭职"现象

2 2004 1017 永久

责人人知晓

"杭职"爱国主义教育的30个"细节"详见第3版

时任浙江省委常委、宁波市委书记刘奇对"关注杭职现象"作出批示：

很有意义，从"细节"入手开展爱国主义教育，坚持不懈，必定会入心、入脑、见行。要总结完善、推广。

慈溪日報

2014年12月3

农历甲午年十月十二

星期三

今日12版

第8948期

新闻热线：63012345

市委书记卞吉安对"杭职现象"作出批示

社会主义核心价值观教育要从小从细从实抓起

■记者 钟湖萍

本报讯 昨天，本报在头版头条位置刊发了《"德育生活化"浸润自信少年》的报道，对"杭职现象"进行剖析解读，引起社会各界的关注。市委书记卞吉安对"杭职现象"作出批示：杭州湾职校"德育生活化"的做法是遵循当代青少年身心特点和成长规律的有益探索，也给我们很好的启示，社会主义核心价值观教育就要这样从小从细从实抓起，持之以恒，使之真正内化为广大市民的自觉行动。

杭州湾中等职业学校从三年前开始提出"德育生活化"理念，坚持从小、从细、从实抓好学生德育教育，将德育生活化，并制定了孝德教育的101个生活细节，让学生在生活中学做人、明事理。三年来，全校学生的精神面貌发生了很大转变，得到家长学生的好评。这一现象日前经《宁波日报》、宁波电视台等上级媒体报道后，引起了社会各界的广泛关注和热议。省委常委、宁波市委书记刘奇，宁波市委副书记、市长卢子跃也分别对杭州湾职校的创新做法作出批示，引起我市的高度重视。

本报于昨天开始陆续推出系列报道，深入挖掘杭州湾职校"德育生活化"实践的闪光点，对"杭职现象"展开全面解读，让市民能够更加深入了解这一现象以及现象背后的意义。"杭职现象"是我市近年来培育和践行社会主义核心价值观的典型体现。社会主义核心价值观的培育和践行，不仅限于口号的宣扬，更存在于生活小事中。杭州湾职校实践"德育生活化"，就是将社会主义价值观落实到小处、细处、实处。结合各校实际，我市将在教育系统推广这些做法，并适当延伸至其它领域，真正将社会主义核心价值观的培育和践行落实到生活实处。

时任慈溪市委书记卞吉安对"杭职现象"作出批示：

杭州湾职校"德育生活化"的做法是遵循当代青少年身心特点和成长规律的有益探索，也给我们很好的启示，社会主义核心价值观教育就要这样从小、从细、从实抓起，持之以恒，使之真正内化为广大市民的自觉行动。

附件二 关于构建中职学校"德育生活化"育人模式的调研报告

德育一直是学校工作的核心环节，也是2016年"两会"重点关注的教育热点问题，受到了党和国家、人民的高度重视。生活是教育的源泉，也是教育的归宿。学校德育工作作为素质教育的灵魂，只有与学生的学习及生活经历紧密结合，才能行之有效。自2012年开始，为提高德育工作的针对性、显性化和成效化，学校基于立德树人的根本任务，围绕社会主义核心价值观，开展了"德育生活化"育人模式的实践探索，通过对中职学校德育现状的实证调查和分析，为中职学校"德育生活化"育人模式构建提供了依据，走出了一条独具职业院校德育特色的创新之路。

一、调查对象与调查方法

（1）调查对象：我们随机抽取职业学校在校的高一至高三学生、中职毕业生及用人单位、学生家长和中职学校教师。2012—2015年我们每年进行问卷调查，总计发放问卷5 860份，有效问卷5 625份，有效回收率为96%。

（2）调查方法：采用问卷调查、访谈、文献资料分析和数据统计法。

二、调查结果与分析

课题组根据调查获得的实证材料，进行了归类整理、数据统计和分析，发现中职学校德育工作存在以下3个有针对性的问题：

1. 中职学校缺乏社会主义核心价值观落细、落小、落实的有效途径

我们通过文献查阅、调查比较，发现许多中职学校在培育和践行社会主义核心价值观上，以传授和灌输为主，内容抽象，载体和形式单一，主要体现在校园环境文化布置上，没有找到将其落细、落小、落实的教育途径。这主要是由于社会主义核心价值观抽象且高度凝练，中职学生的知识和生活经历有限，难以接受和理解。在全国范围内，也找不到可以借鉴的把社会主义核心价值观落细、落小、落实的成功案例。

2. 中职学校德育管理模式教育目标过高，教育内容与生活脱节

目前，中职学校德育管理模式丰富多样，但是经过深思发现现有的中职德育模式对学生的自我约束、自信心、志愿服务、劳动和吃苦精神、个性和特长等方面的培养是碎片化的，普遍缺乏系统化的实践体系。教育目标过高，教育内容与生活脱节，教育评价科学性、趣味性不足等问题，导致中职学校德育成效不明显，社会评价不高。

3. 中职学生自卑涣散现象明显，吃苦精神和合作沟通意识欠缺

(1) 中职学生中考成绩不理想。

基于当地中职学校近年来学生中考成绩分析，我们发现全市中职学生平均总分占中考满分的55%～60%。高分与低分之间的分差为300～400分。从中可以看出，选择读中职学校的学生文化基础和学习习惯普遍不够理想（表1）。

表1　2012—2015年慈溪市中职学校中考成绩分析

年份	样本人数	总分	平均分	市平均比
2012	3 973	630	371.5	59%
2013	4 215	630	371.8	59%
2014	3 376	700	400.7	57%
2015	4 088	700	394.2	56%

(2) 中职学生德育现状堪忧。

我们在问卷调查中发现，有55%左右的学生人生目标不明确（表2）。50%左右的学生对学习不感兴趣，学习与行为习惯不良，缺乏自我约束和控制能力，打架、骂人、吸烟、早恋、沉迷网络等现象时有发生，经常受到老师和家长的批评。67%左右的学生怕脏、怕苦、怕累，逃避打扫卫生。独生子女占60%左右（表3），父母溺爱子女，过分重视分数。又由于离异、单亲、孤儿、空巢、隔代抚养等特殊家庭占比接近1/3，导致品德教育缺失。这些学生在初中阶段很少有担任班干部、小组长、课代表的机会，管理能力弱，合作意识淡薄，因此学风不佳、校风不正，招生困难。

表2 2012—2015年中职学生人生目标的调查

人生目标	2012年（有效问卷1 160份）		2013年（有效问卷1 230份）		2014年（有效问卷1 560份）		2015年（有效问卷1 675份）	
非常明确	111	9.6%	261	21.2%	282	18.1%	297	17.7%
有	374	32.2%	319	25.9%	455	29.2%	534	31.9%
不知道	582	50.2%	615	50.0%	638	40.9%	697	41.6%
混日子	93	8.0%	35	2.8%	185	11.9%	147	8.8%

表3 2012—2015年中职学生情况的调查

内容	2012年（有效问卷1 160份）		2013年（有效问卷1 230份）		2014年（有效问卷1 560份）		2015年（有效问卷1 675份）	
	是	否	是	否	是	否	是	否
独生子女	696	464	759	471	951	609	1 007	668
初中担任过班干部	231	929	272	958	263	1 297	340	1 335
在家做家务	192	968	221	1 009	316	1 244	365	1 310

寻找培育和践行社会主义核心价值观落细、落小、落实的有效途径，已经成为我们迫切需要解决的主要问题。因此，建立一个德育内容贴近生活、贴近实际、贴近社会的系统化的可操作的德育实践体系十分紧迫，努力给学生以真善美的教育，为学生未来的幸福生活奠基。

三、构建“德育生活化”实践体系

1. 体系构建

通过“德育生活化”，将核心价值观转化为学生对自律、自信、自主、自强的发展追求。以增强内省自律、体验自信、担当责任、感悟生命的能力为目标，以创新教育内容、载体、形式、评价4个维度为抓手，回归现实生活，构建以人为本的“德育生活化”实践体系。

2. 实践策略

(1) 教育内容通俗化，让学生内省自律生活。

通过101细节“炼”行为、“7S”管理“炼”意识、经典诵读“炼”精神，让德育内化于心，外化于行。

(2) 教育载体多样化，让学生体验自信生活。

实施口号声、歌声、掌声、笑声、感恩声“五声教育”；开展师生联心、家校联盟、社校联动育人活动；周四给家长打表扬电话、发短信，对学生进行表扬，实现由“差评”向“点赞”环境的转变。

(3) 教育形式日常化，让学生担当生存责任。

一是厕所打扫招标，营造“劳动光荣”氛围。二是“1919”自主管理，培养学生当家做主的主人翁精神。三是志愿服务，培养公民道德意识。

(4) 教育评价趣味化，让学生感悟生命价值。

一是推出阳光卡制度。针对学生的各种“善行”，学校推出阳光卡激励制度。二是“校园星星”评比。让“星星”们在英雄般的礼遇中闪耀。三是五位一体评价。构建学生自我评价、教师即时评价、家长赏识评价、社区志愿服务评价、企业实习评价五位一体的动态评价体系。

四、“德育生活化”育人模式取得的成效

“德育生活化”育人模式的实践和探索，让学生的精神面貌发生了根本性转变，综合素质得到大幅度提升，学生从涣散走向自律，从自卑走向自信，培养了吃苦耐劳、精益求精的敬业精神，提高了团队合作和创新创业能力。学校人才培养质量大幅提升，逐步实现学生素养行为与企业员工标准同步，赢得企业广泛赞誉，社会美誉度不断攀升。“德育生活化”成为知名品牌，社会服务功能也日益彰显，发挥了示范引领作用，受到市委、市政府领导的高度关注，以及同行的学习和媒体的广泛宣传，并获得了2016年浙江省职业教育教学成果一等奖。

“德育生活化”育人模式，在实践中仍需不断完善、修正和探索，要避免重集体生活、轻个体生活，避免重校内生活、轻校外生活，避免重现实生活、轻虚拟生活，从而引领学生在多姿多彩的道德生活中奏出和谐优美的乐章，为学生职业生涯发展植入真善美的道德因子。

附件三 慈溪杭州湾中等职业学校学生发展综合素养评价指标

项目		评价指标	学分200	考核要求	评价方式
一、内省自律	1. 爱祖国	升旗仪式	4	升旗仪式立正站立，行注目礼，大声唱国歌，节拍到位，呼号声整齐响亮	学生个人与班集体评价相结合。由系团学联组织评价
		纪念日活动	3	积极参加纪念活动，以成人礼、主题班会、讲故事、影评、征文、网上祭奠、海报设计等形式开展活动评比	学生个人与班集体评价相结合。由系团学联组织评价
		文明上网	3	不参加邪教组织，不发表、不传播违纪违法的言论及不雅图片和视频	学生个人评价。由系团学联组织评价
	2. 爱集体	热爱学校	5	为学校代言，宣传学校，不发表、不传播损害学校声誉的言论及不雅图片和视频	学生个人评价。由班主任、系团学联组织评价
		同伴互助	3	班级组建同伴互助小组，互帮互教，共同成长，做好活动记录	由班主任对学生个人评价
		爱护公物	2	不破坏学校财产，发现损坏及时报修	学生个人与班集体评价相结合。由系团学联组织评价
		绿色环保	2	垃圾分类、统一回收、不乱扔垃圾、主动弯腰捡垃圾	学生个人与班集体评价相结合。由班主任、系团学联组织评价
	3. 爱家庭	珍爱生命	5	知法守法，做到交通、消防、食品药品安全，防溺水，同伴正常交往，远离“黄赌毒”	学生个人评价。由家长、班主任、系团学联组织评价
		尊敬长辈	2	关心父母的生活与工作，主动与长辈交流，说话和气，节假日送祝福	学生个人评价。由家长、邻居、班主任组织评价
		感恩父母	3	勤俭节约、勤做家务、学习认真	学生个人评价。由家长、邻居、班主任组织评价

（续上表）

项目		评价指标	学分200	考核要求	评价方式
一、内省自律	4. “7S”	教室“7S”	5	物品定位、有序排列、整洁整齐	学生个人评价。由系团学联组织评价
		寝室“7S”	5	物品定位、有序排列、整洁整齐	学生个人评价。由系团学联组织评价
		实训室“7S”	5	物品定位、有序排列、整洁整齐	学生个人评价。由系团学联组织评价
	5. 准军事化	仪容仪表	5	穿整洁校服班服、戴校牌、不文身、不留怪异发型、不烫发、男生不留长发、不戴首饰、不涂指甲油、不化浓妆	学生个人评价。由班主任、教官、系团学联组织评价
		军训	3	出全勤、队列训练认真、会操评比合格	学生个人与班集体评价相结合。由教官、系团学联组织评价
		跑操	3	出全勤、队列整齐、口号响亮、服装统一	学生个人与班集体评价相结合。由系团学联组织评价
		集会	3	静、齐、快，以国歌开始，以校歌结束，掌声热烈	学生个人与班集体评价相结合。由系团学联组织评价
		就餐	3	排队、不插队、不剩菜剩饭、不大声喧哗、不打闹、自觉餐具回收、餐桌干净、椅子归位	学生个人评价。由系团学联组织评价
		就寝	3	及时洗漱、按时熄灯、遵守就寝纪律	学生个人评价。由系团学联组织评价
		重大违纪	5	不吸烟、不喝酒、远离“黄赌毒”、不打架、不在网络媒体上骂人、不进营业性娱乐场所、在校期间不玩手机游戏	学生个人评价。由班主任、系团学联组织评价

（续上表）

项目		评价指标	学分200	考核要求	评价方式
一、内省自律	6. 传统文化	经典一刻	3	周日、周一、周三认真朗读经典读本，周二、周四勤练书法	学生个人评价。由班主任、系团学联组织评价
		课外阅读	3	读名著和专业书籍，要求每月读一本名著、写一篇心得体会	学生个人与班集体评价相结合。由班主任、系团学联组织评价
		朗诵比赛	4	经典故事复述、集体朗诵经典比赛	学生个人与班集体评价相结合。由系团学联组织评价
二、体验自信	7. 快乐五声	问好与掌声	5	学会礼貌用语、主动打招呼，懂得用掌声表达认同与感谢	学生个人与班集体评价相结合。由系团学联组织评价
		歌声与笑声	5	唱国歌、校歌、班歌、“四季沐歌”、《习主席寄语》、《大禹纪念歌》，同学之间、师生之间关系和谐	学生个人与班集体评价相结合。由班主任、系团学联组织评价
		诚信与感恩	5	不说谎，不包庇，实事求是，积极参加学校、班级组织的感恩教育活动	学生个人与班集体评价相结合。由班主任、系团学联组织评价
	8. 师生联心	德行养护	5	学生思想进步、身心健康、行为习惯改善、成绩提升	学生个人评价。由德行养护老师组织评价
	9. 家校联盟	家校互动	5	参加校、系、班三级家长委员会、家长学校，参加开放日、班级活动，参评“十佳爱心家长”“百名慈孝之星”“校园感动人物”	学生个人评价。由班主任、系团学联组织评价

（续上表）

项目		评价指标	学分200	考核要求	评价方式
二、体验自信	10. 学习习惯	认真上课	15	做到课前预习，课后复习，勤思考，肯动手，独立完成作业，学习不断进步	由任课教师、班主任组织评价
		德育作业	5	每周选做“修身本”“心律本”“德育活动项目单”等德育家庭作业，并认真完成	学生个人评价。由家长、班主任组织评价
	11. 社校联动	花季关护	5	参加“花季关护工作室”、廉洁教育基地、法制教育示范基地、青春健康俱乐部、红十字生命救护基地等组织的活动	学生个人评价。由班主任、系团学联组织评价
	12. 周四表扬	表扬电话、微信、短信	5	每周四收到教师打的表扬电话、发的表扬微信或短信	学生个人与班集体评价相结合。由班主任、任课教师组织评价
三、担当责任	13. 绿化认养	校园、教室、寝室绿化	5	认真参与校园绿化认养，绿化进教室、寝室，科学养护	学生个人与班集体评价相结合。由班主任、系团学联组织评价
	14. 厕所保洁	文明上厕所	2	便后冲水、厕纸入篓、关好水龙头	学生个人与班集体评价相结合。由相关老师、系团学联组织评价
		厕所打扫	3	招标承包、竞聘上岗、及时保洁	学生个人与班集体评价相结合。由班主任、系团学联组织评价
	15. 校园保洁	校园洒扫	5	认真洒扫、及时保洁，做好督察和礼迎	学生个人与班集体评价相结合。由班主任、系团学联组织评价

（续上表）

项目		评价指标	学分 200	考核要求	评价方式
三、担当责任	16. 志愿服务	校内、校外志愿者活动	5	每学年要求志愿服务 4 小时，团校毕业需完成志愿服务 8 小时，业余党校毕业需完成志愿服务 16 小时，评优需完成志愿服务 20 小时，建立志愿服务档案，学生毕业需 3 年累计完成志愿服务 20 小时及以上	学生个人评价。由班主任、系团学联组织评价
	17. 自主管理	参加团学联	5	积极参加团学联工作，争当优秀团学干部	学生个人评价。由系团学联组织评价
		参与班级管理	5	争当班干部，完成班委、课代表、组长等工作	学生个人评价。由班主任组织评价
	18. 社团与选修课	参加万象社团，上选修课	5	每学期每人选择一门选修课或一个社团，培养兴趣、提升专业课兴趣	学生个人评价。由指导教师、任课教师组织评价
四、感悟生命	19. 心理健康	心理健康教育	5	每学期进行心理测试，完成心理健康教育课程，参加花季关护活动，建立心理健康档案	学生个人评价。由班主任、任课教师组织评价
	20. 身体健康	跑操、室内操、眼保健操	2	晨练、大课间、活动课跑步队伍整齐，口号响亮，室内操和眼保健操动作到位	学生个人与班集体评价相结合。由班主任、体育老师、系团学联组织评价
		身体素质测试达标	5	每学期参加两次身体素质测试，成绩合格	学生个人评价。由体育教师组织评价
	21. 阳光卡	当“阳光经理”、争阳光卡	3	班班有“阳光经理”，人人争取阳光卡，积极兑换，争取周二上台领阳光卡的机会	学生个人与班集体评价相结合。由班主任、系团学联组织评价

（续上表）

项目		评价指标	学分200	考核要求	评价方式
四、感悟生命	22.“校园星星”	争做校园“十大星星”	3	通过劳动、美德、技能、工作等各方面的优秀品质，努力获得友善之星、劳动之星、进步之星、技能之星等10项荣誉称号	学生个人评价。由学生处组织评价
	23. 技能合格	技能鉴定，创新创造	5	专业技能鉴定合格，参加技能集训，有创新、创造发明作品和专利	学生个人评价。由教务处、教学系组织评价
	24. 生涯发展	顶岗实习，就业创业	5	能对自己的就业有一定的规划，能够自主创业或到企业实习，能吃苦耐劳、主动向前辈学习，任劳任怨，保质保量完成工作	学生个人评价。由企业、教务处、学生处组织评价

第二章

教育内容通俗化，让学生内省自律生活

为了培养学生的学习和行为习惯，提高自律性，将社会主义核心价值观与中职学生的特点紧密结合起来，人本化地解读和发展，让他们的潜力得到更加合理的利用与发挥，将社会主义核心价值观转换成中职学生通俗易懂、喜闻乐见的内容，从而让抽象、高度凝练的价值观更容易被他们认同、掌握与践行。

第一节　101细节“炼”行为

学校提出“争做‘孝·礼·美’好青年”行动计划，开展“大孝爱祖国，中孝爱集体，小孝爱家庭”孝德教育，制定出101个生活细节。这些细节由学生自己寻找并选定，从学生的仪容仪表到西服、裙子的穿着，再到如何跳礼仪操、韵律操、华尔兹以及对老师和来访贵宾的见面问候等，涵盖品德、行为诸方面具体的要求，简单明了，可操作性强。与此同时，学校还给每名学生发了两本特殊的德育作业本，一本叫“心律本”，另一本叫“修身本”，时刻提醒学生把101个细节作为自己的行为准则，做到德育内化于心，外化于行。

一、媒体聚焦

近日，浙江宁波慈溪杭州湾中等职业学校面向全校学生征集“金点子”，制定出了孝德教育的“101个细节”。这些细节分为爱国、爱集体、爱家三部分，每部分都有对应的几十个细节，如爱国要做到“周一升旗仪式，大声唱国歌，行注目礼”，爱家要做到“和父母打电话时，不能先挂电话，等父母先挂断电话我们再挂断”等。

占地300亩的学校，没有一名专职绿化工，校园的角角落落却绿意盎然；整个教学区的24个厕所，没有一名专职保洁员，洁净度却堪比星级宾馆；校园公共场所，没有一个流动垃圾桶，但地上难见一片纸屑……

从2011年积极探索与实践“德育生活化”以来，杭州湾职校所发生的一切改变了人们对职业教育的传统印象。

（《杭州湾职校“101个细节”让德育生活化》，《中国教育报》2015年3月31日。）

二、101个生活细节

（一）30个细节，大孝爱祖国

（1）周一升旗仪式，大声唱国歌，行注目礼。

（2）升旗后齐声呼号：“为了我们伟大的祖国，学好本领为祖国服务！”

（3）每年9月30日“烈士纪念日”参加网络祭拜先辈活动。

（4）每周练一歌，上宣导式班会课，先要唱国歌。

（5）每周开设1节军事训练课。训队列，练内务。

（6）每学年参加国歌、校歌、班歌、军事化列队歌唱比赛。

（7）每年组织“四季沐歌”活动，春季诗歌、夏季军歌、秋季红歌、冬季欢歌。

（8）提倡“口号声、歌声、掌声、笑声、感恩声”的“五声教育”。

（9）每次全校集会或大型活动等，都以国歌开始，以校歌结束。

（10）每次集会都要有掌声表示感谢。

（11）每次上台领奖，双手领奖，鞠躬致谢，掌声祝贺。

（12）每周放学上车前，集会诵读感恩词，师生互道再见。（感恩词：感恩给予我们生命的父母；感恩传授我们知识的老师；感恩分享我们喜怒哀乐的朋友；感恩我的自由呼吸；我是杭职人，我懂得感恩；Yes，I do.）

（13）每周一、周三、周日晚自习开始的前15分钟，齐声诵读经典文化。每周二、周四练书法。

（14）排队上、下课，方阵齐步前行，一路三喊，喊口号。

（15）不参加邪教组织，面对突发事件，要见义智为。

（16）文明上网，遵守网络法规，不上传、不传播不雅言行的视频。

（17）理智爱国，不盲目跟风参加示威游行。

（18）旅行在外，注意形象，讲文明，重卫生。

（19）请拾起遗落的一元钱纸币，因为上面有我们领袖的头像和祖国山水。

（20）每学期观看《开学第一课》，写好观后感。

（21）每周选做“修身本”“心律本”“学生成长手册”“德育活动项目单”等德育家庭作业。

（22）用好礼貌用语“对不起”“没关系”“你好”“谢谢”“请”。

（23）观看校园电视台和CCTV《新闻联播》节目，关心国家时事。

（24）学会打招呼，见到老师和来宾要喊“老师好”。

（25）学会简单的外宾见面语：

Welcome to Cixi Technician College.

Nice to see you here, have a nice day.

We all love our college.

This is our Star Avenue and teaching building.

We are found of labor-working and studying.

（26）参加校运会，锻炼身体，保卫祖国。

（27）参加“捍魂”国旗护卫队，练稳健步伐，展青年朝气。

（28）参加技能集训，争做“首席工人”。

（29）与慈溪市检察院未检科检校合作建立“花季关护工作室”更温馨。

（30）诚信考试，诚信做人。

（二）35个细节，中孝爱集体

（31）文明上厕所，便后及时冲水和洗手。

（32）教学楼厕所卫生打扫，班级招标承包，个人竞聘上岗。打扫厕所，劳动最苦最光荣。

（33）垃圾分类袋装，统一放置回收点，环保小屋内实行对每个矿泉水瓶进行压扁处理。

（34）寝室生活服务通提供你所需要的针线盒、医药箱、留言板、意见箱、公告栏、热水瓶放置处、天气预报、寝室装扮、垃圾中转站。

（35）寝室内务，叠被有棱有角，用具摆放一致。

（36）打菜要排队，吃饭要安静，就餐后自觉将餐盘归位。

（37）“7S”教室、寝室、实训室，物品定位，有序排列。

（38）设立专门的“卫生工具房”，卫生工具集中放，标签编号用完放好。

（39）低碳生活，减产垃圾，撤销教学楼所有移动垃圾桶。

（40）弯腰捡垃圾。

（41）把绿化认养区承包给每个班级，拔草、护绿。

（42）校服一人三套，穿西服、裙子，跳礼仪操、韵律操、华尔兹，女生可以化淡妆。

（43）每个班级有心理委员，组建“花季关护同伴社”。

（44）每个班级都有口号、班饰、班旗、班服、班歌、班舞、班刊、班级之窗。

（45）每周一个班级停课参加德育实践周，师生都穿蓝背心，洒扫、督察和礼迎。

（46）每周二、周四的傍晚在“星光大道”进行社团展示，“建万象社团，做最好的自己”。

（47）每月的最后一个周二，学生干部与学校领导共进午餐，倾听彼此的心声。

（48）每月的最后一天，全校停课开展生活教育一日活动。

（49）快递服务中心内学生凭学生证对号领物。

（50）爱心超市有爱心物品寄存义卖。

（51）捡到东西要归还，帮助同学解决困难。

（52）爱护学校设备、工具，不随意破坏。

（53）设立专项志愿服务时间：评选各类校级先进必须完成学期志愿服务 20 小时；团校毕业需完成志愿服务 8 小时，业余党校毕业需完成志愿服务 16 小时；每个学生毕业需 3 年累计完成志愿服务 20 小时及以上。

（54）把闲置的房间免费提供给学生创业，开设学生创业一条街。

（55）每位学生至少要参加一个兴趣爱好或特长的社团，做最好的自己。

（56）每个班级都有企业冠名，开办“企业家励志大讲堂”，我是学生，我似员工。

（57）像游戏“通关”一样实施技能项目教学。

（58）课堂抬头教学，大脑风暴，不睡觉，不顶撞。

（59）班班有“阳光经理”，人人争阳光卡，每学期评“阳光青年”。

（60）每周二集会，学生上台，由校长颁发阳光卡。

（61）排队听从车辆管理志愿者指挥，让我们更安全地回家去。

（62）投身学生会、团委工作，锻炼自己，微笑促成合作。

（63）回到寝室，少玩手机，多些交流。

（64）寝室休息要文明，不打闹，不熬夜，不做危险的游戏，雨天互让，注意安全。

（65）离开学校需填请假单，回到家中要向老师报平安。

（三）36 个细节，小孝爱家庭

（66）不害怕开家长会，大方邀请父母常来学校走走。

（67）不害怕谈成绩，大胆请父母审阅德育作业。

（68）把学到的生活技能和专业技能，应用到家。

（69）教师每周四给家长打表扬电话，传播好声音。

（70）欢迎父母参与学校食堂、超市、校服等招标活动。

（71）欢迎父母重回青春门，面对面“职业导航”。

（72）欢迎爷爷奶奶们加入“长辈五老志愿团”，激励一代人，温暖全家人。

（73）每年三“十佳”，心中暖洋洋：“十佳慈孝之星”“十佳爱心家长”“十佳慈孝家庭”。

（74）回家出门要和父母打招呼，告知行程。出门在外，要时常与父母保持联系。

（75）和父母打电话时，不能先挂电话，等父母先挂断电话我们再挂断。

（76）周末在家少出门，多与家长一起吃饭。学做饭菜，等父母工作回家一起吃饭。

（77）父母吵架时，要做和事佬。

（78）要记得父母的生日，在生日或者节日的时候给他们送上祝福或者爱心礼物。

（79）出去旅行买份好东西与父母分享。

（80）父母工作劳累时，为他们端上一杯茶，捶捶背。

（81）父母年纪大了，我们要开车送他们出门。

（82）教父母如何使用电脑上网、看电影、听歌，让他们休闲时不会觉得无聊。

（83）见到长辈要主动打招呼，逢年过节要主动去长辈家拜访。

（84）当长辈们在讲话的时候，不要贸然地打断，应该静静地聆听。

（85）帮父母教导弟弟妹妹好好学习，做好榜样。

（86）父母呼唤，要赶快答应；父母有命令，应赶快去做。

（87）早上父母去上班了，要提醒他们注意安全，让他们感受到我们的关心。

（88）父亲常常出门应酬要喝酒，等他回来时为他泡一杯茶，解解酒。

（89）要明白父母赚钱养家不容易，合理使用生活费。

（90）跟父母外出买东西的时候要帮他们提重物。

（91）父母回家晚了，要打个电话问问他们在哪里，把平安送到家。

（92）在父母出差的时候，要提醒他们注意安全，开车不喝酒，保重身体。

（93）将来工作再多、再忙，也要抽出时间，回去陪陪父母。

（94）将来结婚了，应该把对方父母当作自己的父母一样孝敬。

（95）将来做夫妻，妻子在外要给丈夫争面子，丈夫在家要爱护妻子，主动分担家务，不能大男子主义。

（96）将来做夫妻，要给彼此留有空间，不侵犯对方的隐私。

（97）将来做夫妻，吵架时绝不说离婚，给对方留有余地。

（98）将来做夫妻，寻找共同的人生目标和生活态度，认同对方的朋友。

（99）将来做媳妇，不在外人面前抱怨婆婆的不是。

（100）将来做媳妇，多与婆婆聊家常、做家务，买点老人喜欢的东西孝敬老人。

（101）将来做媳妇，留点时间听婆婆唠唠叨叨，不在婆婆面前使唤老公，不要任何事都不跟婆婆商量。

三、案例

101 细节学习感悟

2015 级汽车装配 1 班　徐彬

近些时间，我通过对“101 个细节”的学习，觉得自己的觉悟提高了很多，思想也上升了一个高度。由于平时对细节的疏忽，我抱着只要做好本分就够了的消极念头，渐渐地产生了一些不好的想法。通过对“101 个细节”的学习，我深刻地认识到，只有更严格地遵守细节，才能做更出色的杭职人。

在我们杭职，学校首先教我们如何做人，只有做好了人，才能更好地做事。作为一个人，首先要学会的就是爱我们的祖国，所以“101 个细节”的前 30 个细节都是关于爱国的。

有句话说得好，“爱要大声唱出来”。我们有“周一升旗仪式，大声唱国歌，行注目礼”“每周练一歌，上宣导式班会课，先要唱国歌”等。有了这些准则，并遵守它们，同学们的爱国意识得到加强，爱国情怀更加深厚了。在每天晚自习收看的 CCTV《新闻联播》中，同学们会更加自觉地关心国家大事。随着对祖国爱的不断加深，我们学会了理智爱国，不会盲目地参加示威游行，更不会参加邪教组织或其他非法活动。在校外，同学们会注意自身形象，讲文明，会主动捡起遗落在地的一元钱纸币，因为上面有我们的领袖头像和祖国山水。在校内，同学们会文明上网，遵守网络法规，不上传、不传播不雅言行的视频。在每年的 9 月 30 日“烈士纪念日”这一天，同学们会自觉参加网络祭拜先烈活动，认识到我们现在美好的生活是先烈们浴血奋战换来的。

在奥运会中，那些拼搏的运动员们、教练们，拥有很强烈的归属感和认同感。比如孙杨，他坚信国家会站在他的一方，会为他理论，所以他不理会霍顿的流言蜚语，靠实力光明正大地赢取了金牌，用自己的实力揭穿了那些谎言。我相信我的祖国，我的祖国也会相信我！

在杭职，我们更加注重“五声教育”，即口号声、歌声、笑声、掌声和感恩声。每次集会都会有掌声表示感谢。在学校，同学们会自觉使用文明用语“对不起”“没关系”“你好”“谢谢”“请”等。在日常的跑操中，每个班都会喊自己独一无二的口号。平时，同学们和老师打招呼，老师也会回应同学们，学校就像一个大家庭一样。

在感恩教育中，每周放学上车前，集会诵读感恩词，师生互道再见。因为平时学校注重这些教育，所以我们回到家也就自然而然地做到了，会自觉地帮妈妈做些力所能及的家务，有时候帮爸爸洗洗车。我们一家都对这些细节表示支持和认同，因为它们使我变得更加出色。

我觉得我们杭职的“101 个细节”不是束缚我们发展的牢笼，而是促使我们健康发展的动力。它处处体现学校对学生的关怀和包容。我想，从某种意义上说，这是一种爱的鼓励吧！

路漫漫其修远兮，吾将上下而求索！沐浴着爱的阳光，和着青春的旋律，我们将展翅高飞。今日，我们因杭职而自豪；明日，杭职因我们而骄傲！

四、延伸

梁帆的故事

1990 年 5 月，联合国儿童基金会邀请北京中学生梁帆去荷兰参加“世界儿童为和平为未来”的活动。梁帆带着中国儿童的重托，飞往荷兰。她被安排在舒适的宾馆里，同来自世界各国的朋友们相会，那是一件多么幸福的事情！活动开始了，宾馆门前升起了 50 多个国家的国旗。梁帆在各国国旗中寻找中国国旗，但是她始终没有找到。为什么在这样大型的国际会议上，却没有中国国旗呢？梁帆立即找到会议组织者，严正要求：“一定要升起中国国旗，因为我是代表中国来的！”临近吃午饭，会议组织者也没有把中国国旗升起来，梁帆把会议组织者拉到餐桌前，指着餐桌上的粉红色桌布说：“如果你们找不到中国国旗，好办，我就把桌布染红，做一面中国国旗！”梁帆的爱国行为深深地打动了会议组织者，这件事很快传开了，受到组委会的重视，他们马上安排人找到一面中国国旗，并在宾馆前把它升起。梁帆的行为也因此受到各国与会代表的敬佩，纷纷称赞她是“合格的中华人民共和国的代表”。

（原文链接：https://zhidao. baidu. com/question/420737426. html。）

第二节　“7S”管理“炼”意识

学校引进企业“7S”管理理念——整理、整顿、清扫、清洁、素养、安全和节约，以此来规范教室、寝室、实训室的物品摆放，做到物品定位、有序排列、干净齐整。第一，设立专门的“卫生工具房”，卫生工具集中统一归类编号。第二，实训室功能区划分明确，工具和量具放置规范，课桌椅物品摆放统一。第三，明确责任人，每天检查考核教室、寝室、实训室、工具房的“7S”执行情况，及时反馈和整改，培养学生良好的劳动态度和行为习惯。

一、媒体聚焦

学校在教室、寝室、实训室等场所推行了“7S”管理，要求做到物品定位、有序排列。同时，学校还制定爱国主义教育30个细节，每班每周上1节军事训练课，对学生晨跑、早自习、上课、出操、实训实习、课外活动等进行指导和管理。一年下来，学生精神面貌焕然一新。

（《杭州湾职校“101个细节”让德育生活化》，《中国教育报》2015年3月31日。）

教室、寝室、实训室做到物品定位、有序排列；设立卫生工具房，统一放置和管理卫生工具，贴上标签，明确责任人；每天有专人检查和考核教室、寝室、实训室、厕所等的“7S”执行情况，以便及时反馈和整改。

（《德润心灵践行早，企业锤炼路不遥》，《德育报》2015年4月16日。）

二、“7S”管理制度

（一）教室“7S”

“整理、整顿、清扫、清洁、素养、安全、节约”是纪检部工作的基本准则，这7条也是大家所熟知的教室“7S”。

教室“7S”是各位老师、学生日常教学和学习不可或缺的一部分，它保证了学生的学习环境、老师的办公环境、良好的工作秩序与严明的工作纪律，同时也是提高学习兴趣、学习效果、个人素养的基本要求。

教室“7S”的基本简介如下：

整理：改善学校环境。

整顿：学习场所整洁明了，一目了然，提高学习工作效率，保持井井有条的教学环境。

清扫：清除教室内的脏污、清除学习生活产生的垃圾。

清洁：使整理、整顿和清扫工作成为一种惯例和制度是标准化的基础，也是学习环境良好的开始。

素养：让同学成为一个遵守规章制度，并具有一个良好行为习惯的人。

安全：保障同学的人身安全，保证学习在安全的环境下进行，同时减少因意外而带来对学习和生活的不利。

节约：就是对时间、空间、能源等方面的合理利用，发挥最大效益，从而创造一个高效率的、优秀的学习和生活环境。

教室“7S”检查夏令时间为 12:05—13:00，19:00—20:35。

教室“7S”检查冬令时间为 12:20—13:00，18:35—20:30。

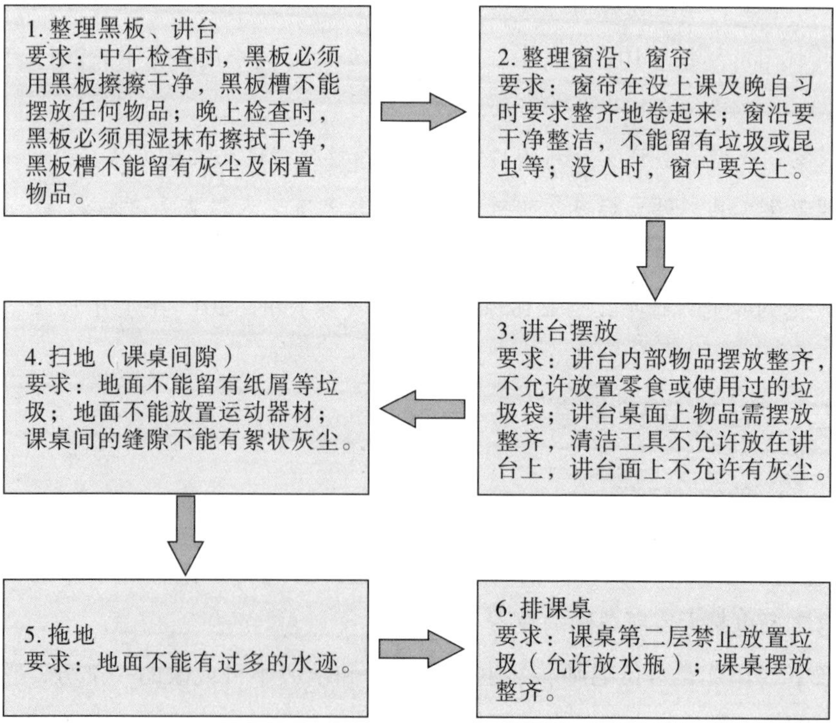

图 2－1　教室“7S”打扫流程图

慈溪杭州市湾中等职业学校教室“7S”评分细则

项目	扣分细则	分值	备注
1. 班旗	1. 班旗未放在指定位置（扣1分） 2. 班级出勤表与课程表未正确摆放（扣1分）	2分	记分形式 -1、-2、…
2. 黑板	1. 黑板槽内有杂物（扣1分） 2. 黑板擦了，但不是很干净（扣1分） 3. 黑板未擦或很脏（扣2分） 注：中午检查时黑板仅需用黑板擦擦干净即可	2分	记分形式 -1、-2、…
3. 窗户	1. 窗沿有明显积水或灰尘（扣1分） 2. 窗户有明显灰尘，水槽未擦（扣1分） 3. 人长时间离开教室，窗帘未整齐地卷起来（扣1分） 注：教室内有人时允许在窗沿摆放物品，但不允许放置垃圾；中午检查时教室内有人时允许放下窗帘，晚上检查时窗帘必须整齐地卷起来	2分	记分形式 -1、-2、…
4. 讲台	1. 讲台不干净（扣1分） 2. 讲台上和讲台抽屉内物品摆放杂乱（扣1分）	2分	记分形式 -1、-2、…
5. 地面、墙面	1. 地面上有纸屑，墙面上有球印、脚印、蜘蛛网等（每处扣1分，扣完为止） 2. 地面有灰尘（每处扣1分，扣完为止） 3. 地已扫，但未拖（扣2分） 4. 门窗窗台、边框有灰尘和杂物（每处扣1分，扣完为止） 5. 地面有与学习无关的物品，如篮球等（每处扣1分，扣完为止） 6. 地面有零食（扣5分）	5分	记分形式 -1、-2、…
6. 课桌椅	1. 课桌摆放不整齐（每处扣1分，扣完为止） 2. 课桌上物品随意摆放（每张扣1分，扣完为止） 3. 课桌上乱贴、乱涂画（每张扣1分，扣完为止） 4. 课桌上书本一律放在左上角，未按标准摆放（每张扣1分，扣完为止） 5. 椅子未统一归位（每把扣1分，扣完为止） 6. 课桌内物品乱放或者有垃圾（每处扣1分，扣完为止） 7. 课桌内发现零食（扣5分）	5分	记分形式 -1、-2、…

（续上表）

项目	扣分细则	分值	备注
7. 节能	1. 人离开教室期间，电灯、电扇、空调、电视、多媒体设备未关（扣2分） 2. 在教室内充电（扣2分）	2分	记分形式 －1、－2、…
8. 其他	1. 班级往窗户外倒水、扔垃圾等（扣3分） 2. 教室内发现使用过且未处理的垃圾袋（扣2分） 注：晚上检查时，只允许存在1个使用过的垃圾袋	5分	记分形式 －1、－2、…
总分	25分总分在扣分后剩余得分		记分形式 20、19…

（二）寝室“7S”评分细则

一、八人制寝室

（1）地面卫生。发现一处垃圾扣5分，发现有明显灰尘扣5分，扣完为止。

（2）鞋子摆放。按后跟从高到低整齐排列，鞋跟统一朝外，并在黄线上。若鞋子摆放方位正确，但未成一条线，扣5分；鞋子摆放错误扣10分。

（3）毛巾对折后挂于脸盆外沿上，数量大于或等于寝室人数。若毛巾悬挂成线，但总体效果一般，扣2分；每发现一条未悬挂，扣5分；数量小于寝室人数，每人次扣1分。

（4）牙刷头统一朝外，方向一致。杯子环统一向左；牙膏统一放置在脸盆内，牙刷头统一朝向。若发现上述一项不规范，扣5分。

（5）脸盆统一放在固定位置，数量大于或等于寝室人数，有统一编号。一个及以上不按标准放置，扣5分。

（6）被子和枕头要求。被子四折，有棱角，四层朝外，靠门放置，开口向阳台，枕头靠墙放置。若被子折叠不规范，被子和枕头位置正确，扣5分；被子未叠或位置不正确，扣10分。

（7）床单和其他物品要求。床单平整，床铺上无杂物。床单总体较平整，床上无其他物品，扣5分；床单总体不平整或床上有其他物品，扣10分。

（8）垃圾袋装化。要求早、中、晚离开寝室前将垃圾桶内的垃圾倒干净，倒到指定的垃圾桶里，周围无垃圾。套好垃圾袋，并且寝室门口无垃圾。未套垃圾袋或寝室门口有垃圾（可以确定该寝室），扣5分。

(9) 卫生工具按寝室内指定位置摆放。卫生工具摆放位置不正确，扣5分。

(10) 窗帘拉开、挂起打结，窗台无灰、无水、无泥、无杂物等。窗帘未拉开或未挂起打结，窗台有灰、水、泥、杂物等，扣5分。

(11) 卫生间干净、无积水、无异味。卫生间不干净、有积水或异味，扣5分。

(12) 洗漱台上无物品，干净。若有物品或不干净，扣5分。

(13) 热水瓶放洗漱台下，摆设整齐。放在规定位置，数量大于或等于寝室人数。未放在指定位置或摆放未成线，扣5分；数量小于寝室人数，每人次扣1分，扣完为止。

(14) 柜子干净，柜子内物品摆放整齐。寝室内未出现私拉电线，无违规使用电器。柜子不干净、柜子内物品杂乱或违规使用电器，扣5分；对违规使用电器的学生报总务处处理。

(15) 公共财物无损坏。离开宿舍关电灯、电风扇、水龙头。不踢门、不损坏寝室公物。根据公共财物损坏情况，区分自然损坏和故意损坏。故意损坏公共财物，扣5分，并报总务处处理。

(16) 寝室门干净，无鞋印、球印以及其他污迹。阳台门、窗干净，明亮。寝室门不干净或阳台门、窗不干净，扣5分。

说明：满分100分，实行扣分制，扣完为止。

二、六人制寝室补充条款

(17) 书架上应整齐摆放书本，可适当摆放少量装饰品（花瓶、笔筒等），出现沐浴用品、饮料瓶等，每个扣2分，满分5分。

(18) 桌面上应干净整洁，无任何物品，一个物品扣2分，满分5分。

(19) 椅子摆放整齐，要求椅背、座椅上无任何物品，椅背两端紧贴桌面边缘。不符合要求的，每把扣2分，满分5分。

(20) 若寝室内已装有脸盆架，洗脸盆统一放置在脸盆架上，毛巾、杯子、牙刷、牙膏摆放不变。

(21) 洗漱台包含卫生间和阳台内的两个，都不能放置除学校下发的奖品（空气清新剂）以外的任何物品。

(22) 垃圾袋装化要求垃圾桶清空并套好垃圾袋，每月月初生活部会下发一卷垃圾袋，若有缺少请班级自行解决。

（23）寝室内靠墙边除了可以挂学校下发的西装外，不能挂其他任何物品。

三、内务0分相关项目

（24）内务检查期间，寝室被子未叠的。

（25）寝室内出现烟头、烟灰、坚果类果壳、打火机、扑克、充电头等违禁物品的。

（26）生活部检查卫生期间无故逗留在寝室的。

（27）如在熄灯后、早锻炼期间、平时检查时发现寝室地面特别脏乱的。

（28）晚自习检查期间被子仍然晒在阳台的。

（29）箱包、寝具等物品未按规定统一放置的。

四、就寝纪律

有下列情形的，就寝纪律均为0分：

（30）熄灯10分钟之后开始打分，但熄灯后特别吵闹的一律0分。

（31）玩手机。

（32）私拼床铺、私换寝室。

（33）熄灯后串寝室，两个寝室都为0分。

（34）早锻炼期间有学生无故在寝室逗留。（为防止其他班学生早锻炼期间私串寝室，请班主任提醒学生离开寝室时把寝室门关上）

未尽事宜，学生处将及时进行补充。

（三）实训室“7S”管理及考核办法

为了做好实训室“7S”工作，对实训室实施标准化、制度化管理，规范各类物品的摆放，使实训室整洁、美观、有序，改善实训室的环境，提高学生的职业素养，提高实训效率，共同创造一个和谐的实训环境，特制定《慈溪杭州湾中等职业学校实训室“7S”管理办法》。

一、“7S”内涵、定义及实施标准

“7S”共包括7个方面：整理、整顿、清扫、清洁、素养、安全、节约。由于在英文里这七个单词的首字母都是“S”，因此简称“7S”。

（1）整理：区分需要和不需要的事或物，对实训场地不必要的物品进行清除，腾出实训室空间，同时养成及时整理的习惯。

实施标准：

①原材料、半成品、成品与垃圾、废料、余料等加以区分。

②料架正确使用，并定期清理。

③现场摆放的物品定时清理。

④工作桌面、置物架、工具架（箱）、抽屉等定时清理。

（2）整顿：将需要的物品配置齐全，并明确地对其予以标识，按规定对物品进行科学的定位、定量、整齐摆放，达到标准化放置要求，物品用后及时复位。

实施标准：

①工具架、工具、实训设备及仪器等定位放置，摆放整齐。

②消耗用品，如手套、抹布、扫把、拖把等定位放置，摆放整齐。

③加工材料、待检材料、半成品、成品等堆放整齐，并进行明显标识。

④零件、零件箱等定位放置，且摆放整齐。

⑤通道（走道）保持通畅，且不得摆放任何物品。

⑥统一区域的私人用品需定位放置，或同一方向放置。

⑦文件、资料及档案应及时分类，并整理归档。

（3）清扫：各责任人负责将实训室打扫干净，使场地保持无垃圾、无灰尘、无脏污、无异味、干净整洁，按照“谁使用、谁负责”的原则，责任到人。

实施标准：

①实训设备、工作台、工作桌、办公桌以及窗户等清理、擦拭。

②下课（下班）前应打扫作业场所、收拾物品。

③废料、余料随时清理。

④抹布、包装材料等定期清理。

⑤垃圾、纸屑等及时清理。

（4）清洁：维护整理、整顿、清扫的工作成果，并对其实施的做法予以标准化、制度化、持久化，使“7S”活动形成惯例和制度。

实施标准：

①排定打扫实训室值日表。

②定期擦拭窗户、门板、玻璃等。

③工作环境保持整洁、干净。

④设备、机台、工作桌、工作台以及办公桌等保持干净、无杂物，不得任意放置物品。

⑤长期放置（一周以上）的材料和设备等须加盖防尘设施。

（5）素养：以“人性”为出发点，通过整理、整顿、清扫、清洁等合理化的改善活动，使全体人员养成守标准、守规定的良好习惯，永远保持妥当的行为，进而促进各成员素养的全面提升。

实施标准：

①遵守作息时间，按时出勤。

②实训、工作状况良好（无聊天说笑、呆坐、打闹、看小说、玩手机、打瞌睡或吃东西等现象）。

③不破坏工作现场的环境，如乱丢垃圾、任意摆放工具等。

④使用公物时能保持物品清洁。

⑤下课、下班后能及时打扫和整理工作现场。

⑥统一着装，并保持良好的仪容仪表。

⑦待人接物有礼貌。

⑧遵守学校各项规章制度，严格执行学校作息时间，不迟到、不早退，外出办好相关手续。

（6）安全：遵守纪律，提高安全意识，每时每刻都树立“安全第一”的观念，做到防患于未然。

实施标准：

①隔离有害物、易燃易爆物品，并加以标识。

②正确操作使用各种机器设备和实训设备。

③设立必要的消防设备和设施。

④电源插座应标明电压，并注意用电安全。

⑤危险部位应标明“危险！请勿靠近”等字样。

⑥不得带危险的物品进入实训、工作场所。

⑦实训室无人时要关闭门窗，防止失窃。

⑧做到课前安全教育和课后安全小结。

（7）节约：合理利用财物，并发挥其最大效能，讲究速度和效率，创造出一个高效率、物尽其用的实训环境。

实施标准：

①节约使用各类物品，如原料、零件和辅料等。

②节约使用水源、电源，如下课、下班时关掉工作区的电源。

二、实训室“7S”考核实施办法

(1) 由实训工作负责人牵头与专业教师和实习指导教师、实训室管理员充分协商，制定符合学校要求并能体现专业特色的实训室“7S”管理检查项目并认真实施。

(2) 每周一次，上课教师和实训室管理员相互评比，实训管理中心每月抽查一次。评比与抽查结果由实训管理中心通知当事人并做整改。

(3) 核查过程中依据“‘7S’管理实施标准”进行检查，对推行情况存在严重问题者，采用挂红牌等方式进行追踪改善。

(4) 评比与核查结果，上课教师与学期教学工作绩效考核挂钩，实训室管理员与学期综合考评挂钩。

三、实训室（基地）“7S”管理检查样表

实训室名称	管理员	工作区、工位、讲台、橱柜等物品摆放整齐	标签书写、张贴要规范，设施摆放有序	及时清理室内杂物、垃圾	整体协调，无卫生死角	安全到位，及时关闭	节约用水、电、气	检查反馈	得分
机床检修（1）									
机床检修（2）									
高低压配电									
电工电子（1）									
电工电子（2）									
PLC 综合									
电力拖动									
电子技术（1）									
电子技术（2）									
木屋照明室									
网状楼宇									
电机与变压器									
安全用电									
工业自动化									

（续上表）

实训室名称	管理员	工作区、工位、讲台、橱柜等物品摆放整齐	标签书写、张贴要规范，设施摆放有序	及时清理室内杂物、垃圾	整体协调，无卫生死角	安全到位，及时关闭	节约用水、电、气	检查反馈	得分
光机电									
电工技能（1）									
电工技能（2）									
电能计量									
4 号工具房									
4 号楼普通机房（1）									
4 号楼普通机房（2）									
备注：评分标准共分 4 级，分别对应 3 分、2 分、1 分、0 分，每检出一个问题扣 1 分，卫生扣完为止，安全不到位全扣（如门窗、水电未关）									

三、案例

案例一 慈溪杭州湾中等职业学校绿色班级评选活动方案

一、活动目标

为促进学生在日常生活中养成良好的节能环保意识和卫生习惯，以创建“绿色班级”为载体，推进学生健康文明的绿色习惯的养成，逐步形成一个自然绿色的生态校园。

二、活动主题

树立绿色理念，创建绿色班级。

三、活动时间

2013 年 3 月 11 日—2013 年 4 月 11 日。

四、“绿色班级”标准

（1）班级成立创建“绿色班级”小组，分工明确，责任到人。

（2）教室洁净，无卫生死角，卫生责任区能按时打扫，保持干净，并做好绿化认养区的绿化日常养护。

（3）绿色植物进班级。班级种植绿色植物，布置合理。学生在班级以小组为单位负责养护班级的绿色植物，同时学生要知晓这些植物的名称、特点以及习性等。学生还要按时为其浇水、施肥，主动承担管护这些植物的任务。

（4）班级开一次环保教育的主题班会，要求主题鲜明，学生参与面广泛。（需上交活动方案，学生处组织人员评比）。

（5）教室布置美观、有本班特色，教室“7S”规范统一。

（6）班级学生人人要养成环保节能的习惯，不带零食进入教学区，自觉节约电、水、粮食的意识强；不乱扔垃圾，班级有开展垃圾回收活动，寝室开展垃圾分类活动。

（7）积极开展有本班级特色的、自主创新的绿色教育活动，并经常性开展志愿者行动。

（8）黑板报等宣传主题鲜明、版面漂亮；其他上墙的制度和表格等张贴规范、美观；班级自设的专栏，能集中突出体现出“绿色班级”风貌和特色或者本班追求的目标等。

（9）班级和谐相处，学生举止文明、语言礼貌、仪表端庄，创造一个和谐、文明、团结的班集体，学生无违规违纪现象。

五、评比方法

（1）成立评比委员会，根据评比细则为各个班级进行评比打分，将得分90分以上的班级命名为校“绿色班级”（名额不限）。

（2）班级开展各项活动要有佐证材料。

（3）评估获得“绿色班级”称号，学校将进行授牌、表彰。

（4）班级被评为“绿色班级”后，更应加强各方面管理，学校将不定期抽查，若有明显退步，取消“绿色班级”称号。

（5）创建“绿色班级”过程中可向学校申请提供工具、材料等，对于收集可回收垃圾出售所得的资金，班级可以自行处理。

六、评选内容与分值

序号	评选内容	分值（总分100分）	备注
1	有创建计划、组织机构、人员分工	5分	3月15日前完成
2	教室“7S”规范统一，注重节能减排，日光灯、电风扇、门窗等应及时关闭	10分	以教室“7S”检查为准
3	寝室“7S”规范统一，垃圾有分类、回收	20分	以寝室“7S”检查为准
4	无带零食进教学区现象	20分	每发现一次扣0.1分
5	绿色植物进班级，布置合理，教室整体观感好	10分	
6	出一期班报（环保、绿色等内容）	5分	
7	卫生责任区能按时打扫，保持干净	10分	每次1分
8	绿化认养绿地保持清洁	10分	如不整洁，每处扣0.5分
9	主题班会课落实情况（教案、照片等材料）	5分	
10	积极向校园网、校刊提供绿色、环保类稿件	5分	每篇1分

七、活动要求

（1）各班要高度重视此项工作，积极参加，认真学习评选标准和评分细则。

（2）各班级要按规定时间开展工作，并及时上报材料，材料要真实、详尽、规范，做好做实每一项工作。

案例二 寝室“7S”让我学会踏实做人，认真做事

——记“校园十大感动人物”虞博

在杭州湾职校，每天都能看到一个忙碌的身影，带领校学生会生活部的同学仔细检查寝室、反馈成绩、做好解释，烦琐的工作在他的手中变得清晰明了。他就是“2015年校园十大感动人物”之一，2013级机械工程班的虞博同学。

初中那三年，虞博过得波澜不惊，成绩中等，表现平平。进入杭州湾职校后，虞博担任了学生会生活部干事，协助部长管理寝室里的各种琐事。每天上午，学生离开寝室后，他就开始一个一个检查、打分、输入成绩并放到网上，供全体班主任查阅。老师经常对他说，打分时一定要客观、公正、仔细，不能带有

任何个人偏好，要经得起复查。如果有同学对分数表示怀疑，虞博就耐心地陪他们查阅原始资料，到寝室实地查看，逐一指出扣分的地方，态度诚恳，从不厌烦。对于师生提出的建议，他都仔细记在本子上，促使工作有进一步的提高。德育实践周打扫后，本着精益求精的目标，虞博还经常带人去寝室周围捡垃圾。每天 3 次，他都要向学生处分管寝室管理的老师汇报检查情况，反馈存在的问题。这样的工作，烦琐而责任重大，做好一天很容易，但是日复一日地做，就很考验人了。而虞博就是这样一个有韧性、有耐心的学生。

虞博认为，在学生会工作，可以让一个人增长知识，提升能力，掌握与人合作、交流的方法，这些都是今后走上工作岗位必备的职业素养。在学生会，他学会了如何为人处事，明白了一个团队团结协作的重要性，懂得了认真做好每一件事的意义。

最让虞博难忘的，是迎接新生的时候。他和自己部门的同学穿上志愿者的专属黄马甲，在寝室门口迎候着学弟学妹们。一张张陌生的面孔向他们靠近，充满着朝气和活力，虞博和伙伴们则面带微笑去迎接，指点寝室方向，解答各种疑惑。学弟学妹们一句句诚挚的“谢谢”，让他们感到帮助别人是多么快乐的事情。家长们赞赏地拍拍他们的肩膀，说一句“真好”，甚至只是一个微笑，都让他们感受到工作的强大动力。

虞博说，他的理想是成为一名出色的机械技师，凭着自己的努力，在企业里闯下一片天地。为了这个理想，他十分珍惜在学校的各种机会，踏实做人，认真做事。

四、延伸

我们追求人与自然的和谐、经济与社会的和谐，通俗地讲就是要“两座山”：既要金山银山，又要绿水青山，绿水青山就是金山银山。

这“两座山”之间是有矛盾的，但又可以辩证统一。可以说，在实践中对这“两座山”之间关系的认识经过了三个阶段：第一个阶段是用绿水青山去换金山银山，不考虑或者很少考虑环境的承载能力，一味索取资源。第二个阶段是既要金山银山，但是也要保住绿水青山，这时候经济发展和资源匮乏、环境恶化之间的矛盾开始凸显出来，人们意识到环境是我们生存发展的根本，只有“留得青山在”，才能“不怕没柴烧”。第三个阶段是认识到绿水青山可以源源不断地带来金山银山，绿水青山本身就是金山银山，我们种的常青树就是摇钱树，生态优势变成经济优势，形成了一种浑然一体、和谐统一的关系，这一阶段是一种更高的境界，体现了科学发展观的要求，体现了发展循环经济、建设资源节约型和环境友好型社会的理念。

以上这三个阶段，是经济增长方式转变的过程，是发展观念不断进步的过程，也是人和自然关系不断调整、趋向和谐的过程。

把这“两座山”的道理延伸到统筹城乡和区域的协调发展上，还给我们这样的启示，工业化不是到处都办工业，应当是宜工则工，宜农则农，宜开发则开发，宜保护则保护。这“两座山”要作为一种发展理念、一种生态文化，体现到城乡、区域的协调发展中，体现出不同地方发展导向的不同、生产力布局的不同、政绩考核的不同、财政政策的不同。

现在，我们正在通过建设生态省来实践“绿水青山就是金山银山”。要牢牢把握环境与经济协调发展这一基本原则，努力把生态环境建设与优化生产力布局、产业升级结合起来，与发展循环经济、开展资源节约结合起来，与加快社会主义新农村建设结合起来，与建设“法治浙江”结合起来，坚持以人为本，切实解决危及人民群众健康的环境问题，着力推进机制创新，举全省之力保护好“绿水青山”，来赢得“金山银山”。

（以上资料整理来源于习近平总书记不同时期的指示精神。）

第三节　经典诵读“炼”精神

学校推行“学经典、读经典、诵经典”活动，从《论语》《孟子》《三字经》等中华文化名著的经典篇章中提炼出慈孝、宽厚、敬业、向善、诚信和礼仪6个部分的内容，编写了《生活教育读本——中华传统文化》《生活教育读本——励志诗歌80篇》等教材，通俗易懂，富有现代气息，贴近生活，并配上故事与漫画，深受学生喜爱。此外，学校每天开展“经典一刻”诵读活动，每周开设国学选修课，每学期举办全员参加的“诵经典、写好字”比赛，努力让社会主义核心价值观和忠、孝、仁、义、信、廉等中华传统美德入脑、入心、见行，营造良好的育人氛围。

一、媒体聚焦

从2012年春季学期开始，每天中午，杭州湾中等职业学校的校园里到处回荡着国学经典的朗朗诵读之声。全校所有学生每天中午抽出15分钟时间诵读经典，这已经成为学校的一张“文化名片”。

学经典、读经典、诵经典，为了让经典文化更易被学生接受，该校教师自己编写了教材《生活教育读本——中华传统文化》，从《论语》《孟子》《三字经》等中华文化名著中提炼出经典篇章，归纳成慈孝、宽厚、敬业、向善、诚信、礼仪六大部分，加上通俗易懂的翻译、现代化的解读，编写成册后发到每一位学生手中。为使传统文化真正在学生心中生根发芽，学校还组织绘画、设计专业的教师在引经据典的同时，给读本配上插图或漫画。一幅幅颇具吸引力的漫画，使得经典原文传递出的思想有了个性化的解读。

学校有关负责人告诉记者，相较于一年前，学生精神面貌有了明显的好转，学校的整体环境也有了明显的改善。“古典的就是现代的，民族的就是世界的，真正好的东西是融会贯通的。要让学生在读经典时思考其现实意义，让传统文化真正扎根学生心中。”

(《诵读经典“催化”行为习惯改变》，《东南商报》2013年5月18日。)

二、经典诵读教育——让中华传统文化滋润每一位学生的心田

中华传统文化，博大精深。如何用好老祖宗留下的这笔丰厚的遗产，使其滋润每一位学生的心田，并产生潜移默化的影响，使他们明事理、懂礼仪、肯吃苦、善进取，是当前需要我们迫切解决的问题。

（一）理念提出——留住民族文化精髓

当前，社会上一些不良因素侵蚀着年轻人的心，使他们的价值观发生扭曲，精神空虚，行为失范，拜金主义、享乐主义、个人主义滋长，不断冲击着中职校园。而中职教育的目标，就是向社会和企业输送品德好、技术精、有朝气、会创新、综合职业素养完备的技术工人，这需要专业技术的不断锤炼，也需要人文素养的不断提升。

针对这样的现象，慈溪杭州湾中等职业学校在加大专业技能训练与指导力度的同时，遵循学生身心发展的特点和规律，大力提倡中华传统文化教育，以文史

哲作品为主要载体，提炼先哲思想，对学生进行中华美德教育，辅之以古典音乐、书法等形式。稳扎稳打，逐步提升校园文化建设的内涵。

（二）作品选材——取其精华，去其糟粕

选好文章是第一步。中职语文课本里所选的篇章，数量极少，因此，我们组织全校的语文老师自己动手编选读本。我们从《论语》《孟子》《三字经》《千家诗》《千字文》《弟子规》《菜根谭》等中华文化名著中提炼出精彩的篇章、语句，结合中职学生的知识结构、生活环境和当今企业所需人才的标准，归纳成慈孝、宽厚、敬业、向善、诚信、礼仪六大部分，加上通俗易懂的翻译、现代化的解读，编写成《生活教育读本——中华传统文化》，让学生的心灵和古代圣哲紧紧贴在一起，在文海墨香中享受到丰盛的精神大餐。

经典作品如醇酒，历久弥香。我们编选的读本中，选择了许多能体现慈孝等六大主题的白话故事，知识性与趣味性兼顾。这里面以历史故事为主，如“陆绩怀橘”“范仲淹划粥”“廉颇负荆请罪”等；又有哲理故事，如“杨黼活佛”“送他一轮明月”“泯然众人的方仲永”等；也有当代的感人事迹，如“孝子的反哺之爱”“不教一日闲过”“北大校园趣事”等。在故事结尾处，我们把一些从《论语》《孟子》等中华经典中提炼出来的语句作为归纳总结。这之后是“超链接”，配上更多的哲思嘉言，有的选自诗文，有的选自哲学著作，还有的选自历史典籍。考虑到学生的接受能力，内容要尽量浅显易懂。让学生在学中思，在思中做，在做中前进。

图 2－2　生活教育读本

古典的就是现代的，民族的就是世界的，真正的好东西是融会贯通的。我们让学生在读经典的时候思考其现实意义，在读故事的时候品味其哲理精神，交相辉映，熠熠闪光，并邀请绘画、设计专业的老师给读本配上插图或漫画，使其更有吸引力。

（三）活动推进——天天学习，潜移默化

我校主要开展“经典一刻”活动，每天安排 15 分钟，所有学生坐在教室里学习中华传统文化。要求学生齐声朗诵传统文化读本，或者认真抄写，两种形式

交叉进行。在这个时间段，整个校园里有时书声琅琅，此起彼伏，有时又十分安静，所有学生在一丝不苟地抄写着先贤名言。千百年沉淀下来的经典文化，在现代中职校园里得到升华。如何能够持之以恒，不使学习中华传统文化沦落为一种口号，关键在于执行力。我校安排值日、值周老师和学生干部在“经典一刻”中按声音是否整齐洪亮、班级纪律是否规范、有没有学生缺席、有没有管理老师到场等情况对各班打分，分数放到校园网上，每天公布，计入班级八项竞赛周总评中。除“经典一刻”外，我校推出自己的“百家讲坛”，由语文老师担任主讲人，开设传统文化讲座。同时，开设文学社、礼仪社、二胡社等传统文化特色社团，丰富学生的业余生活，在课堂之外进行渗透，寓教于乐，相辅相成。

（四）竞赛促进——以赛促练，学以致用

图 2－3　传统文化竞赛现场

为了丰富校园文化生活，检验学生的传统文化学习效果，我校以赛促练，举行了“经典一刻”中国传统文化竞赛，为全校师生提供一个互动交流、共同提高的平台。

比赛分为传统文化知识竞赛（笔试）、朗诵比赛和讲故事比赛。知识竞赛，学校以下发的传统文化读本为内容，出一份竞赛试卷，要求各班选派 20% 的学生参加笔试。朗诵比赛要求各班全员参加，脱稿朗诵。

此外，以传统文化为载体，举行了辩论赛、猜灯谜比赛、写对联比赛、征文比赛等。在写对联比赛中，虽然同学们的文笔还很稚嫩，平仄上也不甚合律，但毕竟跨出了坚实的一步。征文比赛获奖作品发表在校报《技师摇篮》上，供全校师生交流。我校还以传统文化为主题，进行主题班会评比，优秀班级在学校报告厅作现场展示，立标杆、树新风。

（五）行为训练——人人争做绅士淑女

图2-4　礼仪教育大放异彩

我校深化礼仪教育，从细处抓，在实处做。如要求师生上课前互相问好、见面互相打招呼、注意日常仪容仪表，将礼仪教育作为传统文化教育的重点工作来大力倡导。

一张张青春洋溢的笑脸，一声声亲切的“老师好”。走在校园里，会有学生主动热情地打招呼；食堂里用餐后把餐具放进指定位置，会有学生鞠躬说“谢谢”，既让人感到欣慰与自豪，又让人不得不深深折服于学生的素质。走进杭州湾职校，这样的场面是随处可见的。中国是礼仪之邦，现代校园文化建设中，让“每一位男生都是绅士，每一位女生都是淑女”，使其既具有现代年轻人的蓬勃朝气，又洋溢着传统文化熏陶下的优雅气质。

此外，邀请校企合作单位的领导和专家来校为学生开设职业礼仪方面的讲座，讲授仪容规范、仪态规范、服饰规范、交谈艺术、礼貌用语等，并根据专业的不同而设置不同的侧重点。如为汽车商务班、文秘班的学生着重讲授迎接礼仪、引导礼仪、电话接打礼仪等。

传统文化是慢火细炆的，《弟子规》等典籍中就有许多对尊长、对同龄人的礼仪要求，我校深入开展文明礼仪教育，结合传统文化的学习，对每位学生的日常行为规范、交往礼仪及职业礼仪等开展教育与训练，帮助学生进一步养成良好的行为习惯，提升公共职业素养和现代人文素养。

（六）环境熏陶——一墙一壁会说话

图2-5　校园道路以传统文化命名

我们以优美的环境教育人、影响人，打造优雅的校园环境和高层次的人文环境。对宣传栏、宣传版面、宣传条幅、灯箱等进行了新颖的设计，既注重语言文字的规范，又突出教育功能，既有古人的名言，又有古人的肖像和简介。学生走在校园里，抬头就能读到经典，看到作者那深邃的目光，仿佛正注视着你，让你自觉践行从传统文化中学到的人生哲理。校内路、桥、楼都用传统文化命名，如厚德路、信义路、忠孝桥、仁爱桥、甘味楼、兰苑宿舍等。置身于此，随处都有浓浓的古典情怀。甚至在厕所里，墙壁上也贴着传统文化的内容，如名人名言、文史小知识、诗词名句等。让每一棵花草、每一堵墙壁都成为育人的工具，融教育于环境中，让环境蕴含着教育。

学校还充分利用校园广播、橱窗、横幅、标语、校刊校报等进行大力渲染，营造了浓厚的传统文化教育氛围。校园内 LED 大屏幕经常播放一些传统文化讲座、诗词欣赏等视频，校园广播播放《梅花三弄》《高山流水》等古典名曲，达到了“一墙一壁会说话，一草一木都育人”的效果。环境文化从平面走向立体，从单一走向丰富，大大拓展了这一当代独特艺术形式的题材空间与表现手段，其品位格调更为高雅，文化味道更为浓郁。

图 2-6　灯箱上印着先哲名言

三、案例

慈溪杭州湾中等职业学校传统文化教育的实施方案

一、学习内容

传统文化，博大精深，许多学者终其一生都只能研究到其中的一部分。因此，在职校推行传统文化教育，不宜太深，也不宜过于理论化，不宜直接把专家学者的研究成果拿过来用，而要加以改造，形成职校独有的体系。

一年级重在“德育”，以吸引学生兴趣、养成良好品德为核心任务。第一学期以《三字经》《弟子规》《增广贤文》《菜根谭》为主，第二学期以《朱子家训》《颜氏家训》《论语》为主。这些作品有较为明显的劝善因素，可操作性较强，且内容相对较为浅显，容易理解。教师可选取上述著作的经典片段，配之以传统美德故事，让学生在生动的故事中受到影响，自觉效仿古人的做法。如学了王祥卧冰求鲤、汉文帝亲尝汤药等故事，对孝德有了更深的理解；学了廉颇负荆请罪、禅师送人明月等故事，增强了宽容心；学了曾参杀猪教子、季布一诺千金，更加明确了诚信的重要性。

经过一年级的学习，学生对中华传统文化有了初步的良好印象，不会再认为古典的东西是干巴巴的、没有趣味的。二年级应趁热打铁，以“美育”为主，让学生品评美文、好诗、妙词，增强文学修养。第一学期以《千家诗》《唐诗三百首》《宋词三百首》为主，适当加入现当代及外国诗歌，以及著名楹联、趣味灯谜、文人逸事、节日风俗等。第二学期以《古文观止》为主，挑选精彩文章，或是文学性与思想性都很强的片段，适合学生反复诵读。学生在多次咀嚼文字时，自然能品出其浓浓的味道来。

中华民族有五千年未曾中断的发展历史，形成了特有的思维方式、价值取向、审美情趣、行为模式、德行素养和社风民俗。这里面就有很多东西值得当代企业员工学习，如诚信、宽厚、合作、进取等，这是当代企业员工职业素养的重要组成部分。因此，三年级应进行“古代文化中的职业精神”专题学习，从古代典籍中选取与职业精神有关的篇章，配之以企业家演讲稿、职场故事、著名企业文化等，重在“职育”。当然，这一年度的校本教材最难做，要使传统文化和职业精神相辅相成，相得益彰，而不能牵强附会。

二、学习形式及时间安排

在具体的推行中，需要学生处、教务处、总务处相互配合。主要的学习形式有如下10条：

（1）每天第一节晚自习开始后的15分钟集中学习传统文化，周日、周一、周三诵读经典，周二、周四写字，写字时播放古典音乐。

（2）每周日、周四晚自习第二节（电视新闻课）播放传统文化讲座视频。

（3）每班每周安排一节“静心悦读”课，到图书馆阅读经典。

（4）每学期举行一次中华传统文化诵读竞赛（班级），一次中华传统文化知识竞赛（个人），一次“我眼中的传统文化”征文比赛（个人）。

（5）每学期评选书香班级、书香达人。每学期评选一次传统文化学习标兵（慈孝之星、宽厚之星、礼仪之星等）。

（6）每学期举行一次中华传统美德主题班会。

（7）每学期邀请专家举行两场高质量的传统文化讲座。

（8）每学期举行两场由学生主讲的传统文化讲座，每场45分钟，可由3名同学共同完成。

（9）每学期举行一次书法比赛，举行一次书法、国画展。

（10）每学期举行一次传统文化阅读竞赛。

三、记录、评价与资料整理

对于学生的学习过程，要及时监督、反馈，具体可做以下5点：

（1）由团委制定检查表格，每天由专人检查记录各班诵读情况，每天在校园内网反馈。

（2）印制学生传统文化学习记录本等，以此检验学生学习情况，并作为认定学分的凭证。

（3）做好传统文化活动开展的各种活动的音频、视频资料的收集整理与保存工作。

（4）各个班级每学期对经典学习情况进行总结，并以报告的形式上交至团委，由团委写出总结报告。

（5）根据传统文化国学经典学习、诵读的内容，指导学生做好采集本，做到图文并茂。

四、学分认定

（1）每位同学完成规定学习任务，经教务处确认，每学期可得2个学分，可作替代学分用。

（2）参加各类竞赛，一等奖奖励3个学分，二等奖奖励2个学分，三等奖奖励1个学分。

（3）当选“书香达人”等各类先进，奖励1～2个学分。

五、校园环境的营造

校园环境的营造，可以一蹴而就，但氛围的熏陶是一个长期的过程。具体可做如下6点：

（1）在校园内主干道两侧、寝室楼外等地方布置高质量的国学经典教育灯箱、宣传栏。

（2）布置传统文化走廊，在教室、走廊、办公室等公共场所张挂一些名人画像、中国山水画、经典格言、优美诗句。

（3）在每周二、四上午下课后，以及晚自习开始前两个时间段，播放国学经典朗诵片段和传统音乐。

（4）食堂前宣传橱窗设立国学专版，每两个月更新一次。

（5）各班进行班级文化建设布置，要求开设一个传统文化国学经典专栏。

（6）校园草坪上放置文化石，刻上名人名言，使传统文化教育入“石”三分。

四、延伸

习近平主席都在哪些场合阐述过传统文化？

新华网北京9月24日电（记者杨依军、梁淋淋）孔子诞辰2 565岁了，人民大会堂今天举行了隆重的纪念活动，习近平主席发表长篇讲话。大会汇聚了全球各地研究孔子和儒学的大家。

从1994年开始，这样的大会每五年举办一次，但今年规格最高，首次迎来国家主席登台演讲。

如果你关注习近平主席动态，就不会为这样的高规格感到意外。从在孔子故乡曲阜参观孔府和孔子研究院，到“五四”探望国学泰斗汤一介；从政治局集体学习纵论传统文化与国家软实力，到在北师大考察时明确反对“去中国化”；从外事活动中阐释中华文明与海外文明的交流互鉴，到万米高空的专机上倡导学古诗文经典……习近平主席在多个场合展现出对传统文化的重视，且看视点君为你进行梳理。

去年11月26日，习近平主席到山东曲阜孔府考察，并来到孔子研究院。他饶有兴趣地翻看研究成果，并说要仔细看看《孔子家语通解》《论语诠解》这两本书。在与专家学者座谈时，他说：“一个国家、一个民族的强盛，总是以文化兴盛为支撑的，中华民族伟大复兴需要以中华文化发展繁荣为条件。”

一个多月后的12月30日，习近平主席在主持政治局集体学习时强调，提高国家文化软实力，要努力展示中华文化的独特魅力。要系统梳理传统文化资源，让收藏在禁宫里的文物、陈列在广阔大地上的遗产、书写在古籍里的文字都活起来。要综合运用大众传播、群体传播、人际传播等多种方式展示中华文化的魅力。

2014年2月24日，又是一次集体学习。关于传统文化，习近平主席指出，培育和弘扬社会主义核心价值观必须立足中华优秀传统文化。他说：“博大精深的中华优秀传统文化是我们在世界文化激荡中站稳脚跟的根基；深入挖掘和阐发中华优秀传统文化讲仁爱、重民本、守诚信、崇正义、尚和合、求大同的时代价值。”

“两会”期间，习近平和代表、委员们一起共商国是。他说：“体现一个国家综合实力最核心的、最高层的，还是文化软实力，这事关一个民族精气神的凝聚。我们要坚持道路自信、理论自信、制度自信，最根本的还有一个文化自信。”他指出，要从弘扬优秀传统文化中寻找精气神。

“五四”青年节，习近平主席在北大与87岁的国学泰斗汤一介促膝交谈，了解《儒藏》编纂情况，赞扬他为中华优秀传统文化继承、发展、创新做出的巨大贡献。在与师生座谈时，习近平主席说：“我们生而为中国人，最根本的是我们有中国人的独特精神世界，有百姓日用而不觉的价值观。我们提倡的社会主义核心价值观，就充分体现了对中华优秀传统文化的传承和升华。”

9月9日，习近平主席到北师大看望教师时说：“我很不赞成把古代经典诗词和散文从课本中去掉，‘去中国化’是很悲哀的。”应该把这些经典嵌在学生脑子里，成为中华民族文化的基因。

两天后，在出访途中万米高空的专机上，习近平与记者交谈说：“古诗文经典已融入中华民族的血脉，成了我们的基因。我们现在一说话就蹦出来的那些东西，都是小时候记下的。语文课应该学古诗文经典，把中华民族优秀传统文化不断传承下去。”

在与外国友人交往时，习近平主席也经常推介中华传统文化。在莫斯科，他说，中华书画、京剧、中医等传统文化博大精深；出国访问时，他专门会见汉学家、孔子学院教师代表和学习汉语的学生代表，听取他们的看法；在友协的纪念活动上，他系统阐释中国的“和”文化，说中华民族的血液中没有侵略他人、称霸世界的基因……

习近平主席今天的讲话，笔者认为应是我国领导人对中国传统文化阐释得最为详尽和系统的一次。不仅有儒家思想在中国历史中的地位，也有中华文化对人类文明的贡献；不仅有中华文明与世界其他文明的关系，也有如何正确对待传统文化与现实文化的论述……

（原文链接：http://jls.huatu.com/2014/0925/1069138.html。）

第三章

教育载体多样化，让学生体验自信生活

生活世界的丰富多彩决定了社会主义核心价值观教育的载体也是多种多样的。推倒思维围墙，整合德育资源，向社会要力量，与中职学生的生活对接，让学生受到关爱，克服自卑感，增强自信心。

第一节 “五声”快乐回响

为了让学生拥有乐观的心态、积极的人生观，学校深化了包括口号声、歌声、掌声、笑声、感恩声的“五声教育”。每次集会都以国歌开始，以校歌结束，用掌声表示感谢；每班有班旗、班歌和口号，学生见到老师和来宾要主动问好；每年开展春季诗歌、夏季军歌、秋季红歌、冬季欢歌“四季沐歌”活动；每周放学，全校集会进行感恩教育、安全教育，最后师生互道再见。

一、媒体聚焦

昨天中午，杭州湾职校四号楼的走廊上，一群学生围着看墙上刚张贴的“爱国主义教育的30个‘细节’”。记者看了一下，这30个“细节”涉及日常生活中很实在的行为，如“每次集会都要有掌声表示感谢”“学会打招呼，见到老师和来宾要喊‘老师好’”“周一升旗仪式，大声唱国歌，行注目礼”。

（《“杭职”制定爱国主义教育的30个“细节”》，《宁波日报》2014年11月27日。）

二、慈溪杭州湾中等职业学校“五声教育”制度

（一）指导思想

中职学校教育要成就“美丽校园、幸福教师、阳光学生”，让学生拥有乐观的心态、积极的人生观，针对技工学校学生普遍存在的“缺爱、缺信、缺情、缺勇、缺敬”的“五缺”现象，学校深入开展“五声教育”，即用“笑声、歌声、掌声、口号声、感恩声”来教育学生，营造良好的教育氛围，帮助学生树立信心，把学生培养成阳光男生（绅士）、优雅女生（淑女），打造阳光有情校园。

（二）具体要求

（1）“口号声教育”是“情”的教育，也是目标教育。学校实行准军事化管理，要求各个班级实行排队进教室，排队回生活区，并要求各班各专业形成自己

的特色口号，在途中要求各班在规定区域喊班级口号，树立学生奋发向上的精神风貌。

（2）“笑声教育”是“爱”的教育，也是情商教育。学校倡导赏识学生和老师的教育，希望成为在笑声中度过的快乐教育，使学生之间、师生之间和师师之间减少隔阂与顶撞，增添一分亲情与会心互动。

（3）“歌声教育”是“信”的教育，也是希望教育。在学校组织的各类文娱活动、社团、军事训练课和选修课中让学生唱起来，每周传唱一首经典红歌，每次集会都以国歌开始，以校歌结束，用掌声表示感谢；每年开展春季诗歌、夏季军歌、秋季红歌、冬季欢歌“四季沐歌”活动。积极营造“班班有班歌声、会会有歌声、天天有歌声、寝室有室歌声”的良好氛围，让学生抛掉失意，唱出自信与舒畅。

（4）“掌声教育”是“勇”的教育，也是激励教育。学校利用每天的课间操和各类活动，通过发阳光卡等形式，对学生进行积极的激励教育，用掌声表达对学生的肯定、鼓励、欣赏、尊重、喝彩、关爱，给学生热情、勇气和力量，让掌声在学校成为一种习惯，用热烈而有朝气的掌声使学生们快乐和坚强。

（5）“感恩声教育”是“敬”的教育，也是孝心教育。技工学校的学生，感恩戴德的传统教育严重缺失，对长辈、法律及道德的敬畏意识也严重缺失。为给他们补上这一课，我们从最低的要求开始，让他们张开嘴，深情地喊出“老师好”，学生见到老师和来宾要主动问好，到节假日要求他们到家要给老师打平安电话，回校要给父母打平安电话，母亲节、父亲节、感恩节、教师节都要开展有创新的感恩活动。

（三）具体实践

（1）学生处具体负责实施“五声教育”的考核。

（2）“五声教育”的检查由教官、值周教师、学生会负责，数据统一由纪检部汇总分析，每周公布。

（3）全体教职工对遇到不问好、不鼓掌、仪容仪表不规范、违反校纪校规的学生，都要及时教育、记录、反馈。

三、案例

案例一 慈溪杭州湾中等职业学校感恩教育实施方案

为了认真贯彻落实《中共中央国务院关于进一步加强和改进未成年人思想道德建设的若干意见》，进一步加强我校德育工作的针对性和实效性，结合我校实际，学校决定开展以“心怀感恩，励志成才”为主题的感恩教育系列活动。

一、指导思想

坚持以邓小平理论、“三个代表”重要思想、科学发展观为指导，认真学习和贯彻落实十八大精神，大力弘扬中华民族的传统美德和优秀文化，用社会主义核心价值体系引领当代学生的思想潮流，将感恩教育作为在校学生思想道德建设的重要组成部分，作为学校团队建设与思想政治工作的重要组成部分，切实把思想教育渗透到特色校园、活力校园、文化校园建设中，渗透到德育工作、课堂教学、志愿服务等各个环节中。让学生懂得知恩、感恩、报恩和施恩。坚持以人为本、贴近实际、贴近学生、贴近生活的原则，培养学生良好的道德品质和行为习惯，把感恩之情化为强烈的家庭责任感和社会责任感，并能指导学生珍爱生命、学会生存、快乐生活，使学生做到“六心常在”，即心中有亲人、心中有他人、心中有集体、心中有祖国、心中有社会、心中有自然的思想常在，从而弘扬中华民族的传统美德和现代文明，全面推进素质教育。

二、活动主题

“让我们都有一颗感恩的心”。

三、主要内容

开展感恩教育，侧重下列几个方面内容：

(1) 感恩父母，感谢父母的养育之恩，学会孝敬父母、尊敬长辈。

(2) 感恩祖国，感谢祖国的哺育之恩，增强祖国尊严意识，热爱祖国，毕业后报效祖国。

(3) 感恩师长，感谢老师的教诲和辛勤的培养，尊敬师长。

(4) 感恩他人，感谢同学、朋友和他人的真切关爱，促进互助互爱，心中有他人、有集体。

(5) 感恩自然，感谢大自然的赐予，爱护一草一木，增强环保意识。

四、活动形式

(1) 召开全校班主任感恩教育宣讲工作准备会；召开全校教职工感恩励志

教育工作启动会，传达上级会议精神布置本校感恩教育工作目标任务。

(2) 各班级召开“让我们都有一颗感恩的心”主题班会，会后将该主题班会教案交学生处。

(3) 通过每周放学教育，宣讲感恩小故事，全员发动，细小渗透，深入人心。

(4) 利用校园广播、电视台播放感恩歌曲，以“感恩”为主题布置宣传主题条幅标语，创设校园感恩氛围。

(5) 重大节日，开展形式多样的感恩活动。

五、活动总结

在师生开展感恩教育活动过程中进行全面总结，形成综合性总结材料、汇报材料。

案例二　机会总是留给有准备的人

在杭州湾职校，2013级汽车商务班的施帅帅是一个“大明星”，她曾在《中国好声音》慈溪站中获得佳绩，在广播站、文艺会演、团委活动中处处可以听见她那甜美的声音。

来到杭州湾职校后，对她帮助最大的是班主任和室友。班主任告诉她许多做人的道理，使她明白了机会虽然经常会有，但是坐井观天、眼高手低的人永远抓不住，因为机会总是留给有准备的人。老师和同学给她力量，每次比赛都会给她鼓励。她抓住了一个又一个可以展示自己的机会，正因为如此，才有了个人能力、素养的大提升，才有了在台上表演的从容不迫、游刃有余。

很偶然的一次机会，一个朋友告诉她，《中国好声音》的海选在慈溪逍林红星美凯龙举行，提议她去参加。她抱着试一试的心态报了名，第二天就接到《中国好声音》工作人员的电话，让她在当天下午5点之前上报参赛曲目并告诉她比赛规则。时间很仓促，只有一个晚上的准备时间。施帅帅左思右想，选择了两首旋律和歌词都比较熟悉的歌曲。

比赛当天中午到达现场，按规定选手可以先试音，她听到其他选手都唱得不错，心里的紧张感慢慢加重。她前面一位选手第二环节的曲目跟她的一样，而且听亲友团说这个选手在学校就有专业老师培训，莫名的压力感接踵而来。但是，施帅帅没有放弃，她认为不能因为与对手选了同一首歌而乱了阵脚。比赛开始了，30位选手分两组进行。施帅帅一上台惊艳的自我介绍，就博得评委老师的阵阵好评。第一个清唱环节，台下观众纷纷鼓掌叫好，完全超出了她的想象，开了一个好头。第二轮，施帅帅接近零失误地唱完了林俊杰的《她说》。所有选手都唱完后，评委开始点评、打分，选取前三。施帅帅觉得唱得好的选手不止5位，已经做好了落选的准备。她说：“既然来参加了，抓住机会了，尽力了就好。”但结果出来，她获得了第三名。那一刻她都“傻”了，颁奖环节晋级卡递到手上时，还以为在做梦。她把这个好消息第一时间告诉了父母、老师和好友，让大家为她感到骄傲。

进入杭州湾职校后，施帅帅的目标是在“星光大道”上留下手印。当初，她听学姐学长们说起“星光大道”的事，发自内心地感到羡慕。她一直在寻找机会，终于得知，如果在高级别的技能大赛上获得佳绩，就有机会完成这一心愿。很不巧的是，她的专业和比赛项目并不对口，但她并没有放弃，积极参加各项活动，和同学们一起去生活部面试，拿到了面试的最高分，又被推荐到团委，进入了宣传部。通过宣传部的工作，开始慢慢接触广播站的工作，并被顺利选为广播员，因此也抓住机会做了主持人，在各类文艺会演上施展自己的能力。慢慢地，这样的平台越来越多，班级里的主题班会都是由她主持的。这么多次的上台机会，使她早就没有了紧张感。

她抓住参加宁波市创新创业大赛这个机会，拿了一等奖。随后被评为“慈溪市优秀团员”，终于实现了把手印留在“星光大道”上的夙愿。她用了两年时间，抓住了机会，并且做到了。现在，她即将步入社会，喜欢音乐的她想走上更大的舞台，展示自己，把自己的声音带给更多的人，通过自己的事例告诉别人，机会总是留给有准备的人。

四、延伸

曾被北大录取的特殊人才

朱珠

一提到北大的破格招生，人们会想到罗家伦、朱自清等人，他们无一不是怪才、偏才，却被北大录取，并成为学界泰斗。

罗家伦除了写作文，几乎毫无特长

1917年，蔡元培出任北大校长，并“循思想自由原则，取兼容并包之义”，解放思想，创新学术。

这一年夏天，北大在上海招生，刚从美国回来的胡适参加了考试的阅卷工作。在招生会议上，只是一个普通教授的他激动地说："我看了一篇作文，给了满分，希望学校能录取这位有才华的考生。"可当委员们翻阅这名考生的成绩单时，却发现他的数学考了0分，其他各科成绩也并不出众。

当时，主持招生会议的校长蔡元培明确表态，支持胡适的意见。在蔡、胡二人的坚持下，这位除了会写作文之外几乎毫无特长的考生，最终被北大外国文学专业录取了。他，就是罗家伦。

1919年，在陈独秀与胡适的支持下，罗家伦与同学傅斯年、徐彦之一起创办了新潮社，并出版《新潮》月刊。同年，他被选为北京学生界代表，到上海参加"全国学联"成立大会，支持新文化运动。"五四"运动中，罗家伦起草了印刷传单中的白话宣言——《北京学界全体宣言》，提出了"外争国权，内除国贼"的口号，并在1919年5月26日的《每周评论》上第一次提出"'五四'运动"这个名词。

从北大毕业8年后，罗家伦以北伐少将的身份，被南京国民政府外交部任命为国立清华大学的校长。他的革命思想对清华的发展产生了重要影响。

张充和看不懂数学题

同样也是数学考0分，却得以破格跨进北大校门的，还有合肥才女、"张家四姐妹"中的老四张充和。

张充和3岁前就学会了背唐诗，七八岁开始学作对子、写诗。

1933年9月，19岁的张充和来到北平，参加姐姐张兆和的婚礼。也是在这个时候，第二年夏天将举行大学入学考试的消息传了出来。亲人和朋友都劝张充和参加，她自己也觉得不妨一试。当时的大学入学考试，主要包括4个领域——国文、历史、数学和英语。对于前两门，张充和信心十足，因为自幼基础打得牢，但她从未接触过数学。看不出数学证明题和代数方程式的意义何在，也不明白该从何下手。1934年，数千学生从全国各地赶来北平。考试当天，家人为张充和准备了圆规和曲尺。"我没用。"她说，"因为我简直连题目都看不懂。"

张充和的数学考了0分，但国文、历史、英语的成绩都十分出色，尤其是作文《我的中学生活》，更是拿到了满分，总成绩相加，居然超过录取分数线。

此时，胡适已升任文学院院长兼中国文学系主任。在看到张充和作文的第一时间，他立刻大喊："这个学生我要了！"但当时的北大规定，"任何一科是0分，都不能被录取"，胡适只好找到校务委员会拍桌子吵架。北大终于答应破格录取张充和，而她也成了北大中文系当年录取的仅有的两名女生之一。

叶曼“试读生”成就一代才女

在罗家伦和张充和之后，另一位名叫叶曼的女生也因胡适的赏识被北大破格录取。叶曼70多年前曾是北大法学院政、经、法三系唯一的女生，是胡适相当器重的女才子，是三毛、林清玄等著名作家推崇的前辈，也是当今能将儒、道、佛文化融会贯通的极少的大学者之一，在台湾几乎家喻户晓。

1936年，叶曼参加了北大、北师大和清华三所高校的考试，其中，清华是她心目中最向往的高等学府。可结果，叶曼并未在清华的录取名单中找到自己的名字。至于北大，则以试读生的名义录取了她。

叶曼在多年后这样回忆自己的“高考经过”：那一年，北大国文考试的作文题目是“你生平最感到悲哀的一件事”，或“喜欢的一件事”，或“感动的一件事”。当时，叶曼的父亲刚过世不久，她便选了“最感到悲哀的一件事”。“我简直是一边哭一边写这篇文章，真的是用真情写的。”

胡适看了这篇文章，大为赏识，但因其他评委一致认为，这考生的其他科目确实差了点儿，胡适只好让步：“好了，想办法能让她来就行。”而他所想的办法，就是给叶曼安了个试读生的名号。这种做法，最终成就了一代才女。

（摘自《环球人物》2009年第32期。）

第二节　“三联”活动育人

生活是一个关系体系，德育更是学生向社会生活过渡和回归的重要途径。通过师生联心、家校联盟、社校联动，丰富了“德育生活化”育人资源。

一、媒体聚焦

“花季关护工作室”是我市检、校合作的重要成果，也是市检察院开展未成年人刑事检察工作的一项制度创新。该工作室通过法制教育课堂、模拟法庭、问题学生一对一帮教等形式，起到关爱、保护未成年人的作用。当天下午，观摩团来到杭州湾职校，听取了“花季关护工作室”工作开展情况。工作人员通过图片、视频等形式，用鲜活的例子和实实在在的数据，向观摩团介绍了工作室在未成年人刑事检察工作方面取得的成效。一行人现场观摩了检察官为学生讲解的“未检进校园法制宣传”和“预防性侵法制宣传”等内容，并和学生一同观看法制微电影《青春如花》。一些人民监督员表示，观摩活动让他们进一步了解了未检工作的职能，明确了监督的方式，可以更好地支持和监督检察工作。

(《花季关护工作墙内开花墙外香——江浙沪检查团慕名来杭州湾职校观摩》，《慈溪日报》2014 年 11 月 20 日。)

二、“三联”活动

(一) 师生联心——学生德行养护制度

慈溪杭州湾中等职业学校学生德行养护实施方案

一、指导思想

为了进一步树立学校育人为本、德育为先的教育理念，加强和改进学生的思想道德教育工作，遵循“树育人特色、做专业品牌、创一流学校”的办学理念，按照对学生“思想上引导、生活上指导、心理上疏导、学习上辅导”的总体要求，全面推行生活教育，落实全员育人管理，提高学校德育工作水平，创德育品牌。

二、总体目标

建立以班主任为核心、班级任课老师和后勤行政人员为成员的德行养护小组，在品德、生活、心理、学习、学校卫生等方面为学生提供个性化的指导和帮助，形成生活化的德育育人模式，做到思想教育与知识传授相结合，课堂教育与课外教育相结合，共性教育与个性教育相结合，严格管理与言传身教相结合，做到人人都是德育工作者，促进学生全面发展，让学生具有肯吃苦、懂礼仪、有气质、精技能、会创新的“金鹰”精神，成为充满阳光的技能型人才，努力开创我校德育工作新局面。

三、组织机构

德行养护制工作委员会：

主任：校长。

副主任：副校长。

委员：各处室中心负责人。

下设办公室：

主任：学生处主任。

四、工作职责

德行养护制工作委员会负责德行养护实施方案的确定，负责实施过程的领导、监督和考核。下设两个小组。

（一）德行养护学生管理小组

组长：德育副校长。

组员：学生处、团委、教务处负责人及干事。

主要职责：

1. 负责对学生在品德、生活、心理、学习等各方面进行“承包”方案的制订、推行、管理和考核。

2. 学期初，负责组建或调整以班级寝室为单位的若干德行养护学生小组，各小组为各自“承包”的学生提供全方位、个性化的指导和帮助。

3. 德行养护学生小组组长（班主任）职责：

（1）学期初，按照德行养护学生小组的方案，做好本小组成员“承包”的学生和区域选配与协调工作。明确分工细则表，便于了解学期监督检查工作开展情况。

（2）做好与成员的沟通工作，及时向成员转达学生的情况，并听取成员对学生情况的反馈，协同成员做好学生教育工作。

（3）班主任负责“承包”班级教室的卫生管理，包括教室对应区域的保洁和管理。

（4）每月组织一次班级成员小组会议，督促本班成员填好“德行养护工作手册”，做好常规材料收缴检查和汇总存档。

4. 德行养护学生小组由全体教职员工组成，都是德行养护坚定的执行者，每位成员“承包”相对应寝室的学生，是学生树立人生理想的指导者，是学生思想成长的培育者，是学生心理健康的维护者，是学生多方面发展的辅导员。其主要职责：

（1）关注学生的思想状况。引导学生树立正确的世界观、人生观、价值观，培养和提高学生的思想素质，对本人“承包”的学生，要定期与其谈心，了解学生在生理、心理上的困惑，针对不同情况进行关心和指导，引导学生正确对待成长中的烦恼、挫折等问题。每周与“承包”学生谈话2人次以上，每月与所有学生单独谈话1次以上，要求学生每周1次以成长周记的形式向承包人汇报生活学习情况，全面了解学生的思想、心理、生活和学习状况，与学生的谈话要热情主动，端正态度作风，为人师表，尽职尽责。对“承包”学生反映的问题要与各相关教师、家长联系，及时为学生排忧解难，并做好相关记录。

（2）关注学生的学习状况。要及时发现问题并帮助学生调整学习状态，找出问题，提出改进措施。因人而异地帮助学生制订学习计划。经常与班主任、其他科任教师沟通，全面了解学生在各方面的表现，帮助学生解决生活与学习方面的困难。

（3）关注学生日常行为表现。结合生活教育、“五声教育”和“7S”管理，经常检查和督促学生的行为习惯，防止与纠正学生不良行为的产生和发展，培养学生塑造文明形象，展示我校学子的良好精神风貌。及时记录学生的良好表现和违纪行为，采取适当措施给予表扬鼓励和批评教育。

（4）关注学生的家庭生活情况。定期到学生寝室走访，对寝室进行日常巡查和学生就寝后的巡查，及时发现、记录违规违纪事件或偶发事件并制止其发生。尤其在重点时间段（早锻炼结束与早自习之间，中午学生吃过午饭到下午上课之间以及傍晚学生吃过晚饭到晚自习之间）要加强巡查，每周不少于2次。协助班主任通过家长会、家访、电话、书信、面谈等形式与学生家长及时交流，反馈学生在学校的表现，了解学生的家庭状况及在家的表现，帮助学生解决困难，解惑答疑。要求每月与班主任一起进行家访，每学期对所“承包”学生都要进行家访，每周至少对2名学生进行电访。

（5）在全校性学生活动或班级的重大活动中，协助班主任管理好学生，保证活动安全、顺利进行。

（6）协助班主任管理好自己所“承包”学生的课堂纪律、课外活动纪律和寝室生活纪律，处理好偶发事件。

（7）要求参加班级召开的会议，做好班主任安排的其他德育工作和班级管理工作。

（8）学生违纪，该承包人应配合处理，学生在校生病应及时安排就医。

（9）认真填好“德行养护工作手册”，做好常规材料上交、汇总和存档。

（二）德行养护后勤服务管理小组

组长：后勤副校长。

组员：总务负责人及干事。

主要职责：

1. 保障德育活动、德育建设的经费；配置德育活动场地和齐全的设施设备，负责学校公共区域的设备设施和食堂、小店、浴室等后勤相关部门的管理。下设若干承包小组。

2. 承包小组由教职员工组成，每位成员除了“承包”相对应寝室的学生外，同时根据实际情况还需要承包学校区域设施的维护和管理，卫生保洁，接受德行养护保障小组的管理和考核。其主要职责：

（1）负责学校公共卫生区域（楼道、卫生间等）、绿化认养区的督查和其他物品检查维护。承包人因地制宜对校园进行净化、美化、绿化，应每天至少2次检查该区域情况，并采取措施保持其干净，做好相关记录。

（2）负责食堂的经营、价格、卫生、进货的监督与管理，承包人每天至少进行1次检查，并做好相关记录。

（3）负责小店、浴室、开水房、垃圾仓的管理及卫生保洁，承包人每天至少2次检查该区域情况，并采取措施保持其干净，做好相关记录。

（4）负责学校田径场、篮球场、排球场等体育设施，附属设施的管理、维护和相应场地的卫生保洁，承包人每天至少2次检查该区域情况，并采取措施保持其干净，做好相关记录。

（5）负责对学校公共设施（景观灯、灯箱、宣传窗、固定垃圾桶、电话亭、消防设施、工具房）的管理、维护和卫生保洁，承包人每天至少2次检查该区域情况，并采取措施保持其干净，做好相关记录。

五、“德行养护制”考核办法

1. 学生德行养护考核：

（1）由“德行养护工作手册”、学生品行考核两项组成，手册考核占30%，品行考核占70%。

（2）“德行养护工作手册”内容包括活动参与、谈心记录、与家长联系记录、寝室巡查记录。

（3）“德行养护工作手册”检查标准（总分60分）。

<table>
<tr><th>内容</th><th>分值</th><th colspan="4">评分标准</th><th>检查方式</th><th>备注</th></tr>
<tr><td>学生一览表</td><td>5</td><td colspan="4">记录详细、准确无遗漏，缺一项扣一分，扣完为止</td><td>查看“手册”</td><td></td></tr>
<tr><td>班级教师信息一览表</td><td>5</td><td colspan="4">记录详细、准确无遗漏，缺一项扣一分，扣完为止</td><td>查看“手册”</td><td></td></tr>
<tr><td>班级班干部信息一览表</td><td>5</td><td colspan="4">记录详细、准确无遗漏，缺一项扣一分，扣完为止</td><td>查看“手册”</td><td></td></tr>
<tr><td>学生情况一览表</td><td>5</td><td colspan="4">5 分：记录详细、准确无遗漏
3 ~ 4 分：学生的思想、生活、奖惩、优势和不足情况记录较详，且无遗漏
1 ~ 2 分：学生的思想、生活、奖惩、优势和不足情况记录略
0 分：学生的思想、生活、奖惩、优势和不足情况无记录</td><td>查看“手册”</td><td></td></tr>
<tr><td rowspan="7">学生寝室走访</td><td rowspan="7">10</td><td rowspan="2">次数</td><td colspan="3">分值</td><td rowspan="7">查看“手册”、寝室签名</td><td rowspan="7"></td></tr>
<tr><td>详</td><td>较详</td><td>略</td></tr>
<tr><td>16 次及以上</td><td>10</td><td>8 ~ 9</td><td>5 ~ 7</td></tr>
<tr><td>12 ~ 15 次</td><td>8</td><td>6 ~ 7</td><td>4 ~ 5</td></tr>
<tr><td>8 ~ 11 次</td><td>6</td><td>4 ~ 5</td><td>2 ~ 3</td></tr>
<tr><td>6 ~ 7 次</td><td>4</td><td>3</td><td>2</td></tr>
<tr><td>5 次及以下</td><td>0</td><td>0</td><td>0</td></tr>
<tr><td rowspan="7">谈话记录</td><td rowspan="7">10</td><td rowspan="2">次数</td><td colspan="3">分值</td><td rowspan="7">查看“手册”、学生座谈</td><td rowspan="7"></td></tr>
<tr><td>详</td><td>较详</td><td>略</td></tr>
<tr><td>14 次及以上</td><td>10</td><td>8 ~ 9</td><td>5 ~ 7</td></tr>
<tr><td>11 ~ 13 次</td><td>8</td><td>6 ~ 7</td><td>4 ~ 5</td></tr>
<tr><td>8 ~ 10 次</td><td>6</td><td>4 ~ 5</td><td>2 ~ 3</td></tr>
<tr><td>6 ~ 7 次</td><td>4</td><td>3</td><td>2</td></tr>
<tr><td>5 次及以下</td><td>0</td><td>0</td><td>0</td></tr>
</table>

（续上表）

<table>
<tr><th>内容</th><th>分值</th><th colspan="4">评分标准</th><th>检查方式</th><th>备注</th></tr>
<tr><td>组织班级活动记录（含班会）</td><td>5</td><td colspan="4">5 分：4 次及以上，记录详细
3～4 分：3 次，记录详细
1～2 分：1～2 次，记录较详
0 分：0～1 次，记录略</td><td>查看“手册”、学生座谈</td><td></td></tr>
<tr><td rowspan="6">家长电访（周四给家长打表扬电话）</td><td rowspan="6">10</td><td rowspan="2">次数</td><td colspan="3">分值</td><td rowspan="6">查看“手册”、学生座谈</td><td rowspan="6"></td></tr>
<tr><td>详</td><td>较详</td><td>略</td></tr>
<tr><td>9 次及以上</td><td>10</td><td>8～9</td><td>5～7</td></tr>
<tr><td>6～8 次</td><td>8</td><td>6～7</td><td>4～5</td></tr>
<tr><td>4～5 次</td><td>6</td><td>4～5</td><td>2～3</td></tr>
<tr><td>3 次及以下</td><td>0</td><td>0</td><td>0</td></tr>
<tr><td>家访</td><td>5</td><td colspan="4">3 次及以上 5 分，2 次 4 分，1 次 3 分；依据记录详略情况酌情扣分</td><td>查看“手册”</td><td></td></tr>
</table>

（4）德行养护人基本任务：

①谈话、心理辅导。每周与“承包”的学生谈话 2 人次以上，每月与所有学生单独谈话 1 次以上。

②定期到学生寝室走访，每周不少于 2 次。及时记录学生的良好表现和违纪行为，采取适当措施给予表扬鼓励和批评教育。

③与班主任一起进行家访，每学期至少完成 1 次对所“承包”的学生的家访。

④每周至少对 2 名学生进行电访（周四表扬电话）。

⑤按规定参加班级召开的会议或活动，每月 2 次，逢重大活动现场协助班主任管理好学生。

（5）每月对上述数据分别进行统计，以“德行养护工作手册”的记录和签名记录为准。

（6）学生品行考核：

内容包含学生仪容仪表、阳光卡、学生参加社团或其他活动获奖、违纪处分、寝室“7S”（寝室管理）、学习成绩（按期中、期末两次算）、学生评价（满意度），每项内容 10 分；仪容仪表实行一票否决，寝室管理中过程考核占 70%，结果考核占 30%。

2. 公共区域承包管理考核：

(1) 由“德行养护工作手册（公共区域）”、公共区域日常检查得分两项组成，手册考核占30%，日常检查考核占70%。

(2)“德行养护工作手册（公共区域）”内容包括公共区域承包人信息一览表、巡查记录两部分。

(3)“德行养护工作手册（公共区域）”检查标准（总分15分）。

<table>
<tr><th>内容</th><th>分值</th><th colspan="4">评分标准</th><th>检查方式</th><th>备注</th></tr>
<tr><td>承包人信息一览表</td><td>5</td><td colspan="4">记录详细、准确无遗漏，缺一项扣一分，扣完为止</td><td>查看“手册”</td><td></td></tr>
<tr><td rowspan="8">巡查记录</td><td rowspan="8">10</td><td rowspan="2">次数</td><td colspan="3">分值</td><td rowspan="8">查看“手册”、巡查记录</td><td rowspan="8"></td></tr>
<tr><td>详</td><td>较详</td><td>略</td></tr>
<tr><td>40次以上</td><td>10</td><td>8~9</td><td>5~7</td></tr>
<tr><td>36~40次</td><td>8</td><td>6~7</td><td>4~5</td></tr>
<tr><td>26~35次</td><td>6</td><td>4~5</td><td>2~3</td></tr>
<tr><td>21~25次</td><td>4</td><td>3</td><td>2</td></tr>
<tr><td>15~20次</td><td>2</td><td>1</td><td>0</td></tr>
<tr><td>15次以下</td><td>0</td><td>0</td><td>0</td></tr>
</table>

(4) 日常检查考核：

内容包含承包学校公共区域的设备设施的维护和管理、卫生保洁等，包含过程考核（签名）和结果考核（日常检查得分）。每项考核中过程考核占70%，结果考核占30%，相加得出考核分。

(5) 过程考核：

每月对考核项目的各项数据分别进行统计，以相关签名的记录为准，如果没有签名则以“手册”为参考。每项根据计算公式承包教师次数/该项目的平均次数得出任务完成数据，按照此数据排名分A、B、C、D、E共5个档次。处理好偶发事件依事件大小适当加分。公共区域管理考核内容由“德行养护工作手册”、日常检查打分考核两项组成。

说明：

①在考核中涉及过程考核和结果考核项目的，如果过程考核为E档，则无论结果考核如何，该项综合考核都定为E档。

②“德行养护工作手册”未交，月考核定为E档。

（二）家校联盟

慈溪杭州湾中等职业学校家长委员会章程

第一条　宗旨

家庭是哺育子女成长的社会细胞，父母是子女天然的思想启蒙者，家庭教育是对学生进行思想政治教育、道德情操培养的重要组成部分。家庭教育将直接关系到家庭的幸福、社会的进步与民族的未来。为了全面贯彻《国家中长期教育改革和发展规划纲要（2010—2020年）》精神，拓展育人网络，建立多元教育体系，促进子女健康成长，根据《中华人民共和国教育法》《中华人民共和国未成年人保护法》制定本章程。

第二条　任务

1. 开展家长学校建设工作，研讨家长学校教学内容与形式，促进学生家长和学校的沟通。

2. 积极参与学校的民主管理，支持学校改善办学条件，为推进学校素质教育，提高社会声誉而努力。

3. 协助学校宣传和表彰教职工中教书育人、学生家长中尊师重教的先进事迹，推进“学习型家庭”的创建。

第三条　组织

1. 学校家长委员会分班级、年级、学校三级家长委员会。日常事务由学生处负责。

2. 家长委员会家长委员的基本条件。家长委员必须具有一定的社会影响力，有较强的责任心和工作能力，关心教育工作，热心社会活动，支持学校工作，能与大多数家长沟通思想，能反映大多数家长的要求，能确保参与本会的正常工作。

3. 班级家长委员会由3～5名家长组成，设会长1名。

4. 年级家长委员会由各班级家长委员会的会长组成。年级会长由学校家长委员会委员兼任。

5. 学校家长委员会由年级家长委员会的部分成员组成，设会长1名，副会长2名，委员若干名。

6. 家长委员会资格实行聘任制，其代表资格随学生毕业、离校而终止。每年新生入学，在适当的时期增补新的成员。

7. 家长委员会每学年一般举行会议2次左右，如遇特殊情况可临时召集会议。

第四条　学校家长委员会全体委员享有以下权利

1. 在不影响正常教学秩序情况下，可随时到学校了解教育教学情况，必要时可列席学校的校务会议。

2. 有权对学校的教育教学工作与日常管理提出意见和合理化建议。委员对学校的教育教学的要求和意见可写成书面议案，学校在合理期限内给予答复。

3. 有权对家长委员会工作进行监督。

第五条　学校家长委员会全体委员履行以下义务

1. 理解学校的办学理念、培养目标，积极参与、配合学校举行的重大教育活动，协助学校加强科学管理。

2. 协助建设家长学校，参与学生教育讲座、座谈，有义务听取和反映家长们所关注的问题，协调家校联系，促进家校相互交流。

3. 有义务主动为学校的公益建设和事业发展提供精神或物力上的帮助与支持，发动家长共同解决办学中的困难。

第六条　经费

家长委员会会议经费由学校承担，其他活动经费由委员会共同协商解决。

第七条　附则

1. 本章程经由学校行政会议和学校家长委员会全体会议讨论通过后生效。在实施过程中可根据实际情况作必要的修改。

2. 本章程的最终解释权在校长室。

（三）社校联动

慈溪市人民检察院花季关护工作室实施办法

为了进一步提高未成年学生的法律意识，不断加强对未成年学生的法律保护及心灵呵护，根据相关法律规定，结合检察机关维护和保障未成年人合法权益的职能优势，决定在相关学校设立花季关护工作室，特制定本实施办法。

第一章　花季关护工作室的职能任务

第一条　花季关护工作室是慈溪市人民检察院加强和创新社会管理的重要探

索，是充分发挥未成年人刑事检察工作在维护和保障未成年人合法权益、促进未成年人健康成长等方面职能作用的一个重要平台。

第二条　花季关护工作室的主要职能是，结合未成年学生的身心特点，依法开展法制宣讲、青少年维权、未成年人帮教等活动。

第三条　花季关护工作室的主要任务是：

（一）着眼未来，预防未成年学生犯罪；

（二）寓法于教，维护未成年学生的合法权益；

（三）感化挽救，帮助涉罪未成年学生回归社会。

第四条　花季关护工作室应注重联合社会力量，将校园普法、犯罪预防工作与社会综治工作对接，加强与市司法局、教育局、团委、妇联、关工委等部门的合作，形成维护未成年学生合法权益的工作合力。

第二章　花季关护工作室的设置程序

第五条　花季关护工作室可以设置在本市外来民工子弟学校、职业技术学校或其他有帮教需要的中小学校。

第六条　有设置花季关护工作室需要的学校，应先向本院未检科提出设置邀请。具备心理咨询、矫正等帮教条件的学校，本院将予以优先考虑。

第七条　本院未检科综合考察提出设置邀请的学校的受教育对象、校风校纪、德育工作等情况，形成设置必要性和可行性审查报告，提请分管检察长审批。

第八条　对符合设置条件的学校，本院将与学校就花季关护工作室的相关事宜签署协议。

第三章　花季关护工作室的人员构成

第九条　花季关护工作室的工作人员一般由本院未检科的检察官及本院青少年维权岗的志愿者担任。

第十条　根据工作需要，花季关护工作室的工作人员也可以从下列人员中聘任：

（一）身心健康，具有良好的道德品质，热心未成年人权益保护、关心未成年人健康成长的；

（二）具有一定的工作经历和社会阅历的；

（三）具有较好的沟通协调能力，善于做思想教育和转化工作的；

（四）具有一定的法律知识和宣讲水平的。

符合以上条件且具有心理咨询师资格的优先考虑。

第十一条　聘任的工作人员，任期一般为两年，期满后根据实际工作需要可以续聘。

第四章　花季关护工作室的工作内容

第十二条　花季关护工作室应定期对所在学校的学生开展法制教育，普及法律知识，预防未成年学生犯罪，引导未成年学生运用法律知识保护自身权益。

第十三条　花季关护工作室可以依托学校校规校纪或采用心理测试的方式，联合校方德育工作部门定期开展排查，并将违规违纪学生列为重点帮教对象。

第十四条　所在学校有被附条件不起诉、相对不起诉及被行政处罚的学生的，花季关护工作室可以跟踪帮教、定期回访，也可协助相关帮教小组开展工作，并根据帮教情况向帮教小组提出意见和建议。

第十五条　花季关护工作室可以整合校方、家长、工作室的力量，组成“关护小组”，根据各个帮教对象的实际情况，制订关护方案，分时段管控，全面跟踪。

第五章　花季关护工作室的工作方式

第十六条　花季关护工作室的工作人员要秉承爱心、耐心、诚心、恒心开展工作，并对不同的帮教对象区别对待，采取不同的帮教方式。

第十七条　花季关护工作室应通过定期活动和主题活动相结合的工作方法，以法制讲座、警示展板、模拟法庭、庭审观摩等工作方式，提升工作室各类服务工作的针对性和实效性。

第十八条　花季关护工作室可依托校方心理咨询、心理矫正的资源优势，通过情景再现、心理疏导、心灵感化、展望未来等方式，为未成年学生的身心健康提供良好法律服务。

第十九条　花季关护工作室要积极探索创新符合未成年学生身心特点、认知水平的工作模式，不断增强工作室在学校、社会的吸引力和影响力。

第六章　花季关护工作室的管理规则

第二十条　花季关护工作室中至少有一名检察人员担任所在学校的法制副校长或法制辅导员，负责花季关护工作室的日常工作及与学校的沟通协调工作。

第二十一条　花季关护工作室的工作人员应定期接受包括犯罪心理学、教育学、社会学等专门学科的辅导和培训，以提高服务和保障未成年学生合法权益的工作水平。

第二十二条　花季关护工作室要对帮教对象建立关护档案，一人一档，及时记录帮教工作开展情况及帮教结果。

第二十三条　花季关护工作室的工作人员及参与帮教的相关人员要签署保密协议，承诺对关护档案的内容保密。

第二十四条　花季关护工作室运行期间产生的问题，由慈溪市人民检察院和校方协商解决。

三、案例

校园里走出的本土影视新星

袁晓栋，2012 级园林专业的学生。老师在前面讲课，他在下面调皮捣蛋，但他很好强，对自己感兴趣的事情总是喜欢去尝试，这让他很骄傲。

2012 年进入学校后，袁晓栋就对自己说，必须要在高中混点样子出来，不能再像原来那样浑浑噩噩地过日子。学校大力推行“1 + X”社团活动，要求每个学生在学好专业的同时，至少培养一个兴趣爱好和特长。学校建设了先进的校园电视台、茶吧、咖啡吧等社团活动场所，成立了以“建万象社团，做最好的自己”为口号的万象学生社团管理中心。因为袁晓栋特别喜欢军人，就报名参加了国旗护卫队。国旗护卫队的训练是艰苦的，每天晚自习两个多小时的魔鬼式训练，累得他一回寝室就呼呼大睡。不过这让他得到了很大的改变，腰板更直了，人更有型了，精神更饱满了。有一次，教官跟他们说，国旗护卫队要选拔出新的升旗手，他就第一个勇敢地报名，并最终顺利入选。学校里筹备文艺会演，一个国旗护卫队的朋友找到了他，鼓励他去当主持人，当时袁晓栋没什么底气，不过他就是喜欢尝试，于是勇敢地登上了舞台，一下子就让全校同学记住了这个高高黑黑的、理着子弹头短发的男生。就这样，袁晓栋在学校里成了小名人，走在路上都会有人喊他的名字，他突然觉得自己真的不一样了，更有自信心了。

2014 年初，学校开始和检察院合作拍摄慈溪市首部青少年法制教育微电影《春雨》。摄制组找学生来本色出演，抱着试试看的想法，袁晓栋报名参加了。当时是第一次接触媒体，相当紧张，电视台的老师要他们表演才艺，袁晓栋一开始有点懵。幸好平时看的才艺展示多，加上在学校担任主持人积累下来的经验，他最终脱颖而出，当了男二号王小鑫—— 一个与社会不良人员有交集的孩子，最终在检察官的帮教下回归正途。

《春雨》的成功，使袁晓栋多了一份自信。没多久，他看到学校食堂门口张贴着一张宣传牌，走近一看，原来是慈溪观海卫镇举办的“我就是民星”选秀活动。他当时很犹豫，毕竟没有参与过这种社会力量举办的选秀活动，不过最终他还是战胜了自己，勇敢地报了名。经过两个星期的准备，第一轮海选他顺利通过了。接下来，主办方给了他们一个月的准备时间，他就和几个进海选的小伙伴一起敲定了小品《慈溪格格》，这个小品的剧本是他自己写的。因为经验不足，所以他想邀请慈溪电视台的岑导对他们进行指导。袁晓栋不知道岑导会不会答应，当时也只是尝试着去邀请。但岑导热情地答应了，并给予非常耐心的指导，使他们一下子进步了很多，在决赛上赢得了全场最热烈的掌声，得到了最高的分数。袁晓栋也获得了微电影演员入围奖第一名。

这次比赛结束后，一个评委找到了袁晓栋，希望他能参演一部喜剧《哦，买噶》，这是慈溪市第一部系列喜剧，也是袁晓栋第一次参与校园外的拍摄。拍摄中遇到了很多麻烦，他印象最深刻的是有一场戏演了十多次才顺利通过。那一刻，他明白了当好一名演员真的不容易，要演得好，需要更多的学习和揣摩。

一次次挑战，一次次尝试，唤醒了袁晓栋更多的自信，使他变成了一个不一样的自己。最近，他又参加了慈溪电视台组织的“最美新人”“全城热恋”等微电影大赛，顺利入选。他说，他会一直做下去，因为机会总是留给孜孜不倦的追梦者。

四、延伸

“你们的结对帮教让我受益匪浅”

“亲爱的检察官阿姨，我是小鑫（化名），现在是一名大学生。回首往事，历历在目，尤其是你们的结对帮教让我受益匪浅，使我努力改掉各种坏习惯，让我重新做人……”近日，浙江省慈溪市检察院未检科的检察官收到了一封来自大学校园的信。

那一年，小鑫还在读职高。一次与朋友小瑞逛街时，他看到一个相熟的女生与一个陌生男生有说有笑，立即打电话告诉了对该女生有好感的小陈。小陈心生嫉妒，赶来同小瑞、小鑫一起殴打了这名陌生男生，造成对方轻伤。

案件移送到慈溪市检察院后，承办检察官了解到小鑫还在读书，尚未成年，平时讲义气，性格有点叛逆。案发后小鑫真心悔罪，其父母明确表示愿意对被害人进行经济赔偿并严加管教儿子。鉴于此，该院从教育、挽救的目的出发，对其做出附条件不起诉决定，并设置了6个月的考验期。在考验期内，该院花季关护工作室成员、小鑫的父母与其所在学校的老师组成帮教小组，定期对其进行帮教回访，随时排解其成长的困扰，并陪同其参加公益活动、鼓励其竞选班干部。经过6个月的帮教和考验，小鑫表现良好，该院对其做出不起诉决定。案结事未了，该院花季关护工作室成员继续对其进行跟踪回访，巩固帮教成果。2014年9月，小鑫被省内一所大学录取。

据悉，为提高学生的法律意识，有效预防校园犯罪，慈溪市检察院经过深入调研，于2013年出台了《慈溪市人民检察院花季关护工作室实施办法》。花季关护工作室的工作人员一般由该院未成年人检察科的检察官及青少年维权岗的志愿者担任，通过法制教育课堂、模拟法庭、问题学生帮教等形式将普法宣传制度化。

自2013年4月以来，该院逐步在全市职业院校和外来民工子弟学校建立了花季关护工作室，通过讲座等形式开展法制宣讲10余次，受教育学生4 000余人次，并对多名“问题”学生开展一对一帮教。

（《“你们的结对帮教让我受益匪浅”》，《检察日报》2015年7月28日。）

第三节 周四电话表扬

学校积极践行“赏识教育”。一方面，教师每周四给家长打表扬电话、发表扬短信，引导家长发现孩子的优点，学会赏识孩子，增添家长对孩子的信心，实现由“差评”向“点赞”环境的转变。另一方面，为有效防止学生心理健康问题，学校高标准建设“心灵之约”心理辅导站，通过建立学生心理健康档案、开设倾听热线等多种形式关注心理存在困惑的学生。此外，每周安排校长接待日，安排学生与学校领导共进午餐，充分倾听学生的心声。

一、媒体聚焦

打表扬电话，这也是杭州湾职校的一项“德育工作”：学校推行德育养护联合承包，建立以班主任为核心、班级任课老师和行政后勤人员为成员的德育养护小组，200多名教师与2 500多名学生结对，在品德、生活、心理、学习、卫生等方面为学生提供个性化的指导和帮助，形成生活化全员育人氛围，并要求德育老师每周四都要选择几位表现好、有进步的学生，给他们的家长打表扬电话。有的学生从小到大，几乎从来没有受到过老师的夸奖，因为这一个表扬电话，学生有了自信，家长也开始重新审视自己的孩子。

(《"德育生活化"浸润自信少年》，《慈溪日报》2014年12月2日。)

二、周四表扬电话制度

慈溪杭州湾中等职业学校周四表扬电话制度

一、指导思想

为了深化我校"德育生活化"教育，进一步提升学生阳光自信的一面，我们通过激励教育的实践，利用各种有效的激励性评价，给学生以适度的正面教育，满足学生渴望被认可的心理需求，激发学习动机，使学生把德育教育的要求自觉内化为个性化的行为。同时，以期通过这种方式加强家长与学校之间的联系，提升家长对子女的关爱，促进学生家庭的和谐。

二、实施对象

全体在校学生、班主任、任课教师等。

三、实施范围

学生在校、实习期间，学习成绩的提高、生活自理能力的增强、行为习惯和品德的提升等。

四、实施过程

(1) 班主任、任课教师等认真详细做好学生在校期间学习、生活、行为习惯和思想品德等各方面表现的记录工作。

(2) 每周四由班主任、任课教师通过电话、校讯通、微信等形式向家长反馈子女在校的进步和亮点。

五、考核要求

(1) 通过班主任工作手册"家校联系"板块、任课教师"德行养护工作手册"的家校联系记录进行考核。

（2）每周班主任表扬学生的数量至少5名、任课教师2名，并在“家长接待记录表”中做好记录工作。

（3）相关教师把短信、微信等数据信息反馈给学生处，进行汇总、统计。

（4）学校定期抽取部分家长进行联系，记录他们的反馈意见。

三、案例

案例一 坚持不放弃，努力就会成功

3年前，他贪玩好动，不爱学习；3年后，他刻苦钻研，在训练场一待就是几个小时。3年前，他是老师眼中毫不起眼的学生；3年后，他成了全国技能大赛两块金牌的获得者。他，就是余梦泽同学。

2012年，余梦泽来到杭州湾职校，就读于电气专业。开学典礼上，校长着重表扬了在技能大赛上表现出色的学长学姐们，一个个重量级的奖项，一张张青春自信的脸庞，深深地感染了余梦泽。想在技能大赛上披金戴银的美好愿望，在他心中生根发芽。

终于有一天，他如愿以偿地被“光伏”这个集训队所接纳。刚入集训队时，他对那些大大小小的设备产生了很大的兴趣，但现实还是给了他当头一棒，书中复杂枯燥的理论知识让他头疼。他非常欣赏《士兵突击》中的一句话：“不抛弃，不放弃。”他认为，要想取得让老师、自己、父母满意的成绩，就必须凭着永不放弃的劲头坚持下来。经过1个月的短暂理论学习后，实践操作也开始了，有了扎实的理论知识作基础，实践起来就不会那么困难了。但整套设备涉及的知识点还是非常多的，大则PLC的程序设计与调试，小则一个线头的工艺要求，以及力控组态设计调试、电路CAD绘制、变频器调试、示波器的应用及波形分析等，都必须一丝不苟地对待。在训练中，他不断思考，举一反三，由这个问题引申到下一个问题，实在搞不懂的时候就去请教老师、学长。他遇到困难就一个个去挑战摸索，做得不达标时，就下狠心一定要做好。参加大赛前，余梦泽连续几周每天训练到晚上十一二点，回寝室时大门紧闭，不得不叫老师来帮忙开门，第二天照常起床去晨跑。功夫不负有心人，2014年6月他在光伏发电设备安装与调试项目中，获得了全国一等奖，完成了刚入学时的那个“宏愿”。

2015年，余梦泽有了去“轨道交通”集训队的想法，老师毫不犹豫地同意

了。初入“轨道交通”集训队，他便开始自主学习，通过电气接线原理图，安装调试门控器、110V 的直流电源，对一系列按钮单元进行接线。虽然之前的学习中有过类似的经历，但为了工艺和速度，仍需不断练习，保证每日的训练强度及训练质量。他对理论也十分重视，每天在实践操作的间隙背诵知识点，积少成多，闲余时间还会读一些轨道交通方面的书籍，恶补知识。经过 4 个月的训练，在全国职业院校技能大赛中又力压群雄，拿下了一块金牌。

在室友的影响下，他开始接触音乐。在不放弃信念的支撑下，他每天反复练习，仔细琢磨，久而久之也慢慢上手了。他带动了更多的同学加入这支队伍，高二时创立了吉他社。令他高兴的是，学校竟然有电声乐社团，他对贝斯这种乐器着了迷，舍得投入更多的时间。在不断的练习和突破下，乐队已经步入正轨，并参加了各种文艺会演，深受好评。

从光伏电到轨道交通，再到电声乐，余梦泽正是凭着永不放弃的劲头，取得了一番了不起的成绩。

案例二　折翅的雄鹰依旧高翔

阮鑫款是典型的“90 后”男生，爷爷是一位受人尊敬的教师，父亲是当地一位事业有成的商人，为他创造了良好的成长环境。但是，他是一个身体有残疾的孩子，别人很容易完成的事情，对他来说却变得十分困难，哪怕仅仅是提起笔写一篇作文，甚至是流利地说一段话。

虽然他的身体有残疾，但是他的心灵跟所有可爱的学生的心灵一样健康强大。他有梦，一个深藏在内心的梦，并为此而不懈努力着。2011 年，他考入杭州湾职校，成为 2011 级电子商务班的学生。成长的点点滴滴积累起来，就是温馨的回忆。这一路走来，他得到的都是家人、老师、同学、朋友给予的最无私的爱！

刚入学时，家长很担心，老师也很担心，这样一个孩子进入职校，会不会受到同学的欺负，能不能适应寄宿生活？但事实证明，这种担心完全是多余的。杭州湾职校大力推行生活教育，在优美环境中，传播文化气息；在社团文化中，激发生活热情；在德育实践中，培养劳动态度；在军事化管理中，养成规范意识；在“五声教育”中，锻炼阳光心态。努力把学生培养成有道德、精技能、能吃苦、会创新的高素质劳动者。阮鑫款在学校里如鱼得水，如鸟入林，尽情地释放着自己的正能量。

入学之初，他就以良好的精神风貌赢得了班主任的赏识。在德育实践活动中，他的表现非常出色，打扫，处处干净；执勤，样样认真，受到了学校领导、班主任和教官的表扬，也得到了同学们的尊敬和佩服，大家都亲切地叫他“款哥”。期中考试之后，他接手了班级纪律管理工作，积极协助班主任开展班级管理工作，主动处理班级事务。对待那些经常有些出格言行的同学，他不厌其烦，尽可能地用“软实力”去说服他们。作为班干部，他具有鲜明的是非观和正义感，遇事总爱弄清来龙去脉、是非曲直，在生活上与同学们形成了和谐、融洽、互助的关系。第一学期期末，在“校园十大感动人物”评选中，他高票当选！

在这所学校里，他是快乐的。家长惊异于孩子上高中以后的喜人变化：什么时候孩子会主动帮家长做家务了？什么时候孩子脸上整天挂着笑容了？什么时候孩子爱上读书了？什么时候孩子周日一直盼望着返校了……

四、延伸

赞美的力量

小时候，学校门口有一个油条铺。炸油条的是个清秀姑娘，不时用一双长竹筷翻动着油锅里的油条。偶尔她也会抬头擦把汗，那鲜嫩的皮肤，那从白帽子里面垂出来的栗色头发，那纯洁、专注的目光，都是一个青葱少年眼里无法用言语形容的美。

那个年代，资讯很不发达。我不知道张曼玉，也不知道林青霞，见过的美女仅有《天鹅湖》中飘逸的奥杰塔和《索尔维格之歌》中韵致十足的少女。但她们显得那么遥远，那么缥缈，美却可望而不可即。

只有这个炸油条的姑娘，是活生生可以感觉和捕捉得到的美丽。当我学着她的样子，将两条辫子紧紧扎在脑后，就觉得这缩短了我和美丽的距离。

后来，我们搬了家。再遇到她，已是多年之后。或许经过了岁月的磨砺吧，她的栗色头发已经剪短，白帽子上油迹斑斑。她没有了往日的欢快，已经发胖的身体失去了曾经的灵巧。她满不在乎地看着买油条的顾客，嘴里咀嚼着什么。这个咀嚼让我骤然没了食欲。

已经成年的我面对更加成熟的她，不由得怀疑自己少年时代的审美标准。匆匆走过的时候，我不由得加快了脚步，好像特别怕人识破我的心事：我曾经那么纯真、那么专注地崇拜过这样一个“糟粕”妇女。

又一年过去，她依旧守着那个小店。目光涣散，不时打着哈欠，脸上没有热情，也没有不安和焦躁。她的生意也并不好。我莫名生出一种欲望，想要告诉这个打着哈欠的女人，曾经我对她是多么的崇拜。

我说：“小时候我经常来你这里买油条。”她冷冷地回答：“卖油条是小本生意，不讲价。”我说：“我只是想告诉你，那个时候你梳着两条又粗又长的辫子，穿着白凉鞋，我觉得你是最好看的人，我曾经学着你的样子打扮自己。”或许是很久没有听到人们的赞美了吧，她的表情很意外。

再次见到她，又过去了一年。坐在车里，从她的门前经过，看到她的帽子又变得雪白，栗色的鬓发给她的脸增加了活泼和妩媚。她的身材虽然还是发胖，但在竭力再现从前的灵巧，那是一种更加成熟的灵巧。

同车的老公说：“这个女人怎么变化这么大?”或许正是因为我敢于向那个曾经启发了我少年美感的女性表示感谢和赞美，为了这份陌生的赞美，才重新唤起了她爱美的心意吧。

所以我觉得，人不能吝啬赞美，因为赞美能驱走心中的惰性，让人真正变得很美。

（原文链接：http://www.ledu365.com/a/rensheng/22987.html。）

第四章

教育形式日常化，让学生担当生存责任

培育社会主义核心价值观，贵在坚持，重在培育适宜它生长与传播的土壤。通过劳动实践、学生自主管理等举措，解决了大部分学生吃苦精神欠缺的问题，使他们以诚信友善的态度与敬业的职业精神，把社会主义核心价值观种进自己的心田。

第一节 厕所打扫 营造“劳动光荣”氛围

每学期通过招标，由班级承包教学楼、食堂、操场的厕所保洁除臭工作。每周轮流安排一个班级，班主任和学生一起参与校园礼迎、洒扫，督察学生秩序。撤销教学楼移动垃圾桶，要求学生从捡垃圾做起，捡回一份责任，捡回道德素养。每班认养一片绿化区。营造“劳动光荣”的氛围，培养学生不怕累、不怕脏的吃苦精神。

一、媒体聚焦

宁波慈溪杭州湾职校300亩的校园没有一名专职绿化工，但角角落落绿意盎然；教学区24个厕所没有一名专职保洁员，但洁净度堪比星级宾馆；校园公共场所没有一个流动垃圾桶，但地上难见一片纸屑……

“让学生自己做绿化养护工、厕所保洁员，在生活实践中学做人、明事理，这就是我们的‘生活化德育’。”慈溪杭州湾职校相关负责人说道。

(《没有课堂的“德育课”——慈溪136所中小学校德育教育纪实》，《浙江日报》2015年12月28日。)

记者注意到，校园里的卫生确实很好，很整洁，几乎见不到垃圾。另外一名正在打扫卫生的同学说，现在乱扔垃圾的人越来越少，她觉得这个做法挺好，她并不抵触。“这次来打扫觉得挺好的，累是有的，但是没关系。”

学校把这种模式叫作“德育生活化”。校长邵佳洪说，现在全校有60个班级，一个班级负责一周，在一个学期内，每个班级都能轮到，轮不到的就顺延到下学期。然而就在2010年，这个规定实施之初并不顺利，很多学生不会扫地，家长也反对，甚至学校的老师也不是很赞成。“刚开始学生不情愿，家长有想法，说我们是来学校读书的，为什么要扫地？我说，扫地主要是培养学生一种劳动习惯。”后来，学校顶住压力，坚持做下来，得到了学生和家长的认可。

2013年，这项制度再次加码，学校的32个厕所也由学生负责打扫。因为有了基础，这个规定实施起来也顺利多了。从开始由学生自愿报名，到后来由于报名的学生太多而不得不采取招标的形式进行。“他就承诺，我的服务质量怎么样，本身班级的风气怎么样，我们全都写在标书里，然后评委打分。”邵佳洪说，这个模式产生了实效，营造了一种良好的校园氛围。

(2015年12月17日央广新闻播音稿。)

二、厕所打扫招标

(一) 厕所打扫招标书

第一章　招标倡议书

亲爱的同学们：

你们好！

让我们的文明行为为杭职加分，用我们的实际行动体现文明。

文明在哪里，就在我们身边。文明是什么，答案就在小事里。吃喝拉撒是小事，却最能体现一个人的文明程度。据说，日本人是最讲卫生的，他们的公共场所卫生是最好的；韩国人是最讲究居室卫生的，他们家里总是井井有条，一尘不染；美国人是最讲究卫生间卫生的，他们的卫生间香气扑鼻，胜于起居室。他们对中国的公共环境卫生最不满意，认为中国人素质差。

在我们学校的卫生间，出现了不文明的现象，如如厕后不冲便、将垃圾随意乱扔、破坏公共设施等。我们如何拥有一个干净舒适的卫生间，急需各班级同学的加入。可能会很苦，可能会很脏，但俗话说“吃得苦中苦，方为人上人”。

我们在此向全校各班发出倡议，希望大家积极行动起来，加入保卫学校卫生间的队伍中来！

劳动最光荣，劳动最美丽！

学生处

二〇一三年九月一日

第二章　投标须知

一、项目名称

教学楼卫生间承包。

二、承包内容

每个班级负责一幢教学楼男/女卫生间的保洁工作。

三、打扫时间

承包方安排学生在规定的时间内打扫卫生间，实行“一天八扫制”，具体时间安排如下：

早上：7:45—8:00

课间：9:45—10:15

中午：12:30—12:45

下午：14:35—14:45

16:15—16:25

傍晚：17:30—18:00

晚上：19:35—19:45

20:30—20:40

四、打扫内容与标准

序号	事项	标准
1	通风	无异味
2	纸篓	垃圾袋装化、垃圾无溢出
3	便槽、蹲坑	无垃圾、无黄渍、冲水及时
4	洗手台、盆	无垃圾、无水渍、无水滴
5	拖把槽处	无垃圾、无水渍
6	镜子	明亮、无水渍
7	墙壁	无污渍、无水滴
8	地面	尽可能保持干燥、无水渍、无垃圾
9	卫生工具	摆放到位、整齐，保持储藏间的整洁、干净
10	节能环保	低碳环保、节约用电、节约用水

五、合同有限期

原则上有效时间为一学期，以一学期为限重新进行招标。

除了以下情况外：

（1）承包方出现多次未打扫或打扫不干净时，应当取消该班级承包资格，并重新进行招标。

（2）若承包方因特殊情况，主动提出暂停承包事项，也应当取消该班级承包资格，并重新进行招标。

第三章　考核方案

一、考核方法

进行月考核制度，依靠每日检查表、卫生监督协会抽查分数、德行养护老师打分3个环节的总体数据来进行全方位的考核。对各个班级承包的3个卫生间进行星级公布，分为一星、二星、三星、四星、五星。各班的当月承包成绩即为3个卫生间的星级数总和。（如13级汽车商务班一楼女厕三星级、二楼女厕四星级、三楼女厕三星级，总体成绩记为10分。然后再对8个班级进行排名，分为A、B、C、D共4个档次。）

二、星级保洁员评定方法

在当月考核中，该卫生间被评为五星级卫生间，对应的保洁员被评为当月星级保洁员，额外给予一定奖励并进行表彰。

三、奖励制度

（1）奖金。依据A、B、C、D共4个档次，每月对各个班级颁发对应的150元、120元、100元、80元4个档次的奖金，作为班级活动经费。

（2）阳光卡激励。依据A、B、C、D共4个档次，每月对各班每位同学颁发5张、4张、3张、2张阳光卡，其中对表现突出的同学颁发5张阳光卡。

四、其他事项

（1）对于主动承包卫生间的班级在班集体考核、推优等工作中予以优先考虑。

（2）对承包方的同学在学校各项评优评先中优先考虑。

（二）打扫心得（摘选）

无悔的选择

2012级汽车商务班　马海燕

当看到班级有一些人在扫厕所，我就想：他们不怕脏么？不嫌丢人么？但是每每看到他们拿到胜利果实——阳光卡时，我就心生羡慕。

现在，我也是保洁厕所的一员了。厕所地面如果脏了，我会立马拿着拖把去拖，直到它干干净净，仿佛它就是我心目中一个美好的家。

曾经，有朋友来劝过我："你为什么要去打扫厕所呢？又脏又臭，还有点丢人。"我说："那又怎么了？厕所保洁做好了，大家都舒畅，何必那么在意别人的眼光呢?”

虽然，在别人晨读时，我在厕所打扫卫生或提醒同学文明上厕所，会觉得有点不好意思，但看到干净的卫生间，得到别人的肯定时，又会觉得一切都是值得的，虽然苦，虽然累，但是很有成就感。

有时我也会在需要打扫的时候偷懒，“算了，下节课下课再来”，但当看到厕所有些许污渍时，我又会勤快地跑过去打扫，厕所保洁已经融入了我的校园生活。

的确，打扫厕所是累的、辛苦的，还要偶尔遭受别人异样的眼光，但当看到干净且透着香气的厕所，得到同学们的认可时，我就会觉得非常满足，非常快乐！就算再累、再苦，也会坚持当时自己的选择！

保洁，我的责任
——八大媒体来访感想

2012级园林班　胡林玲

上个星期六新浪网、腾讯网、《宁波日报》和《慈溪日报》等八大媒体莅临我校，身为学校的洗手间保洁员，我也有幸参加了此次活动。

八大媒体先是欣赏了我校特意为此次活动排练的精彩演出，接着参观了我校各大实训室，然后参观了我们部门每天工作的地方——洗手间。

走进洗手间先是闻到空气清新剂的清香和檀香，转眼望去是洗手台上的绿色盆栽，还有干净的地面和正在辛勤劳动的我们，这一切都让人眼前一亮。我们还有专门放置工具的储藏室，打开来是放置整齐的各类工具。

记者参观洗手间的时候问我们：“干这个累吗？你们为什么要来做这件事?”

我们的回答很简单。因为可以锻炼自己，所以我们来了；因为可以为师生创造一个良好的洗手间环境，所以我们来了。

打扫厕所说不累是假的。刚开始觉得累，抱怨过，而且觉得一天8次打扫，每节课下课就往洗手间跑真烦。但渐渐习惯后就觉得洗手间的保洁变成了一种责任，不去还觉得心里怪怪的。

洗手间考察记

2012级电气班　罗文聪

3月26日，学校后勤安排4名学生和后勤阿姨一起去浒山一些商场、大超市，参观学习它们的洗手间管理方法。我很荣幸作为4名学生代表之一，参与了此次活动。

我们首先去了华润万家，那里的洗手间的亮点就是在洗手间门外墙上挂着厕所文化展板，专栏分为 4 个板块，分别是学习心得、照片分享、考试成绩、培训计划。这个我们可以借鉴过来，改成打扫心得、照片分享、考试成绩等。

告别华润万家，我们去了银泰城。那里的洗手间比华润万家的洗手间要精细不少，我刚看到门上贴的打扫记录表时，甚至吓了一跳，上面密密麻麻地写满了检查时间和检查人签名。检查要求也极为严格，纸篓里的纸不可以超过纸篓的一半，盆景上不准有灰尘、黑胶，玻璃镜面不能有水迹、手印等，这种精益求精的精神值得我们学习。银泰城的消防栓和灭火器的醒目位置上都贴有指示牌和操作方法，而且配上了演示图画。消火栓的使用顺序是开箱门、按手刹、拿水枪、拉水袋、开闸门。灭火器的使用方法是按下保险销、握住软管、压下手柄灭火，步骤让人一看就会。我发现我们学校也有消防栓和灭火器，但没有演示图画，我们学校可以学习、参考，并加以改进。

还有我发现了一点，不管是银泰城还是华润万家，它们的洗手间旁边都有一个专门摆放工具的工具房，这可以有效地防止工具失踪、杂乱的问题，每个洗手间配一个工具房，现在我们学校已经开始实行了，颇具成效。

这一趟参观我学会了很多，更多的是让我觉得今后要更加仔细，把细小的事做到精致，更好地为师生服务。

三、案例

把扫厕所当作一项事业来做

2014 年 11 月 25 日，《宁波日报》头版报道杭州湾职校近千名学生争当厕所保洁员，引发读者、网友、市民纷纷点赞。作为杭州湾职校厕所的“总所长”，陈志远同学显得尤其高兴，因为自己的工作得到了社会的认可。

陈志远就读于 2012 级变配电专业，在学生会中担任副主席。2013 年起，为了改变学生中较普遍存在的懒散、不会劳动、不肯吃苦、不懂主动服务的状况，学校创造性地辞退教学区厕所的所有保洁员，通过招标让各班承包打扫。统管厕所打扫，是一项看似简单但又责任重大的工作，学校决定让班主任工作卓有成效的戎冰老师作为总负责，同时需要招聘一名得力干将担任厕所管理部部长。

一听到这个消息，陈志远就积极报名，经过双代会选举，正式成为一名“总所长”。这可能是全国最小的所长，但是意义非同一般。刚开始，他遭到了许多同学的不理解，甚至是嘲笑。在别人看来，厕所是污秽集中营，不是一个高雅的场所。但在陈志远看来，越是难干的活，越要努力去做好。虽然厕所管理部门在“同行”中暂时还不被“待见”，但自己一定要坚守原则，因为自己是被全校同学推选为副主席的人，管得了学生会，难道还管理不了区区一个部门吗?

每天的空余时间，陈志远在各个厕所奔波、检查。陈志远认为，打扫厕所是很有讲究的，擦马桶、刷蹲坑、擦瓷砖，这些都不得有一丝一毫的马虎，而且要“三香八扫”，即每天的上午、中午、晚上都要在各个厕所里点上檀香，保持厕所的芬芳，上午、中午、下午、晚上各两扫，保持厕所的清洁。大家你追我赶，积极性很高，一个个厕所被打扫得不见一点水渍，飘着淡淡的檀香，墙壁上张贴着每日一换的“幽默一笑”，就连小便池上都摆放着一盆盆绿意盎然的植物。

陈志远一直有种信念，就是厕所如果不干净，就是他这个部长的责任。厕所干干净净，全校师生上厕所时就会心情舒畅，他就会感到很开心。为此，他乐此不疲，虽然和小伙伴们在做很脏很累的工作，但是全校师生给他们的是最高的回报，是精神上的支持，是高于金钱的鼓励。

一屋不扫，何以扫天下?陈志远的一个“战友”说，第一次打扫完厕所，他就对自己说，以后再也不能乱扔东西了，要尊重别人的劳动。而更多的学生因为打扫厕所而体会到了父母的不易，这些一向衣来伸手、饭来张口的学生回家后，开始帮妈妈洗衣服，帮爸爸打点生意。对于这些喜人的变化，陈志远这个“总所长”非常高兴，对做好工作越来越自信了。

四、延伸

这位中国大妈靠打扫卫生，被评为日本“国宝级匠人”

最近有位叫新津春子的大妈，在日本非常火。因为她很会打扫卫生，所以被封为日本“国宝级匠人”。她的杰出代表，就是面积76万平方米的东京羽田机场，这儿就是她工作的地方。这个老机场今年已经85岁了，但一点都看不出时光的痕迹。整齐的登机大厅，明亮得令人耳目一新，厕所更是干净到令人惊讶，打开门之后，不得不感叹其人性化设计。该机场连续四年被评为“世界上最干净的机场”，而实现这些的幕后功臣，是一个来自中国的大妈——新津春子。

新津春子，出生在中国沈阳，她的父亲是“二战”遗孤，是个日本人，母亲则是中国人。春子17岁时，举家迁往日本生活，那时的新津春子甚至一句日语都听不懂。

刚到日本，她不懂日语也不会跟人交流，所以新津春子从高中开始就做上了唯一肯雇佣她的保洁工作。

这一干就是21年

由于对待清洁非常细致和周到，很快新津春子就得到了其他人望尘莫及的评价：“她的工作已经远远超越了保洁工的范畴，而是在干技术活。”

新津春子甚至凭借自己的努力取得了“日本国家建筑物清洁技能士”的资格证书。但这背后是几十年日复一日的不懈努力。

超乎常人的强大知识储备

谁说扫地是个体力活，新津春子可以对80多种清洁剂的使用方法倒背如流，也能够快速分析污渍产生的原因和组成成分。

有一次，她应邀去一户家庭解决浴室地砖勾缝里一直都除不掉的灰色霉迹，她看后，决定将水与醋按照3：1的比例兑好，放进喷雾瓶，并喷湿地面，然后铺上纸巾再喷一次，浸泡10分钟后，用硬刷配合市面上贩卖的浴室洗剂刷洗。最后，地砖和勾缝果然一起恢复了原色。

技术含量超乎你想象

NHK专门为她拍摄的纪录片中，记录了她处理不锈钢饮水台的过程：

必须利用强酸洗液去除饮水台上黏着的漂白粉。但如果强酸停留的时间过长，则可能导致腐蚀，反而使不锈钢失去光泽。她能掌握最佳时间，在溶解漂白粉的同时，迅速冲掉强酸洗液，让饮水台恢复以往锃亮的光泽。

精细入微的细节操作

新津春子的清洁功夫，不仅仅是把设施表面看得见的东西清扫干净，平时看不见的部分也是她的清洁范围：除菌、除臭、烘干……越小的细节，她越认真对待。

洗手间的干手机在使用后会产生很多细菌和很大的异味，必须要把干手机底下的排水沟好好清理干净才行，哪怕每个槽缝只有1厘米，她也绝对不能留下任何灰尘，因为那样会给过敏的人和孩童留下隐患。

工作中的新津春子异常较真，比如在所有小孩可能会碰到的地方，都不使用刺激试剂。

因为新津春子太能干了，所以她被换到了技术监督管理岗位，负责培训机场700名清扫工，有时候也会应邀去解决公共设施或家庭的顽固污迹，也因此成为日本家喻户晓的明星。不过最让新津春子感到欣慰的是，因为自己的用心工作，越来越多的人甚至专程跑到机场，跟她说：“您辛苦了！”NHK的节目在采访新津春子时这样评论：清扫工是“职人”。从事技能工作的人在日本统称“职人”，如厨师、美容师、工匠等，社会地位未必高，但各行都是“金字塔”体制，做到顶端，就会带来名利、自豪，一样受社会尊敬，出类拔萃者还可能被日本政府指定为“国宝”，天皇还可能对其授勋。

但新津春子从来不觉得自己做的事情有多么了不起，面对我们的镜头，新津春子说出了她能够成为“匠人”的秘籍：“我只是把这里当成自己的家，所以要好好招待客人，用尽心思为了让这里的人感受到理所当然的日常环境！”

（原文链接：http://news.ifeng.com/a/20160703/49285536_0.shtml。）

第二节　自主管理　培养“主人翁”精神

以“五四精神”为榜样，加强学生会、共青团建设，设立1个主席、9个副主席、19个部门。建立学生志愿服务大厅，向同学们提供招生就业咨询、阳光卡兑换、课程选择、学分认定、物品报修、快递派送等一站式服务。通过自我管理、自我教育、自我服务，培养学生当家做主的主人翁精神。

一、媒体聚焦

以社团为载体，学校成立了万象学生社团管理中心，提出“建万象社团，做最好的自己”的社团文化建设口号。据孙宁宁介绍，学校的53个社团全都由学生自主管理，而这些社团又“听命”于万象学生社团管理中心，从而形成“1+X”的社团培养模式。

……

从参与社团活动到成为社团管理者，越来越多的学生尝到了“甜头”，学会了自我管理、自我服务和自我教育。去年11月“光棍节”前后，受网络购物促销的影响，学生的快递包裹在门卫内堆积如山，导致不少学生抱怨“取包裹太麻烦”。为此，高二学生庄超女和几个学生干部商量着建起了“金鹰快递中心”，为同学们提供服务。庄超女介绍，快递中心的“快递员”会对同学们的包裹进行编号，每周一、二、四3天，同学们就可以凭借学生证对号领取包裹。系统严格的管理之后，“取包裹难”的现象彻底消失了。

（《取精用弘　厚德健行——慈溪杭州湾中等职业学校是这样“炼”成的》，《职业》2013年第7期。）

二、“1919”学生服务中心

“1919”学生服务中心的组建源于对“五四”青年运动的理解，即1919年学生运动思潮作为引领中国“民主、科学”潮流的开端，是学生作为思想进步、能动性强的主体性的体现。因此，在校德育教育中，学校鼓励学生参与学校的日常管理中来，服务中心秉承“SMC”，即“微笑促成合作”的理念，为学生解决学习生活上的问题。

“1919”学生服务中心由团委指导下的纪律监督委员会监督管理，1位学生会主席总负责，9位学生会副主席协助工作，中心囊括19个部门，包含青年志愿者服务大队、社团管理部、男生寝室管理部、女生寝室管理部、劳动卫生部、厕所管理部、后勤保障部、环保管理部、金鹰快递中心、经典诵读管理部、晨练晚自习管理部、创新街管理部、广电宣传策划部、文体活动组织部、礼仪督查管理部、车辆管理部、国旗护卫队、纪律检查部，主要由250余名校级团学干部和400余名班级学生干部组成，功能覆盖学校体艺活动、纪律监督、劳动卫生、文明礼仪、后勤保障、学籍学分、志愿者服务等各方面。学校专门成立学生志愿服务大厅，作为为学生提供一站式服务的办公场所。

让学生在阳光中塑造自我内在的阳光，使阳光心态由内而外地焕发，感染他人，最终成为具备服务和创新意识，就业和创业能力的高素质劳动者与技能型人才。以学生服务中心为载体，学生在各项活动中得到了成长。

“1919”学生服务中心体现了以学生为本的教育思想，让学生自主参与到学校的全员管理中来，从而淡化了教与学、管与被管、主体与主导之间的矛盾，使学生从被动接受变为主动积极参与，使我校的德育接地气，进一步推动了和谐校园的建设和学生能力的提升。

三、案例

一个杭州湾学子的主持人梦

初一，他第一次自编自导自演小品。

高一，从一无所知到慢慢琢磨，最终穿上西装拿起话筒。

大一，主持播音张口即来，继续深造，巩固基底。

如今，他是一位看过高山、见过流水、读过“中传”、当过教师的主持人。

他叫陈银东，是2013届文秘专业毕业生。如果在6年前你问他“梦想是什么”，他一定用眼神扫你一眼，并且告诉你，梦想就是中考分数给他加200分。没错，在高中之前一切的好坏都用成绩来定义，而对他这个中考只考了244.5分的人来说，无疑被归类为差生。不认真听课，迟到早退，旷课逃学，这些都是9年来他所有的“荣誉”。曾经他真的以为人生就这样了，没有波澜的心也拒绝再有浪潮，而让他万万没想到的是，高中竟然改变了他之后的人生，甚至将他重新塑造。

2010年，他拖起行囊进入慈溪杭州湾中等职业学校，并且选择文秘专业，而一切好似冥冥中的安排，他们班只有6个男生，而他这个外表长得憨厚老实、内心胆小内向的人，却被班主任一眼相中，担任班级团支部书记，所有的故事由此拉开序幕！

梦想还是要有的，万一实现了呢?

他从来没有想过自己会担任班干部，更何况还是一个书记，可那时的他什么都不会，甚至连最基本的电脑操作都不能完成。不知是“职务”迫使他努力学习还是内心燃起星星之火，他主动找到专业老师要求学习电脑知识，因为他心里清楚，只有基本功扎实，才能承担起更大的责任。

2010年12月9日，他迎来人生中又一个重要的转折点，嗓音条件还不错的他被选入校广播站，12月9日应老师要求主持朗诵比赛，虽然时过6年，可仍然记得当时的场景，两个小时的过程当中他的脸都是通红的，主持完后他才感受到，原来能够拿着话筒在舞台上讲话是这么美妙的一件事情，可以让自己成为一个焦点，所有人都来聆听。他第一次感受到了这种叫作梦想的东西，并且为了它，不断地前行。

杭职的学习为他指明了方向，也为他今后的成长打下了坚实的基础，在校期间他活跃在各大舞台上，几乎承包了期间所有活动的主持，每次主持的收获都会不同，不同的人群、不同的节目、不同的故事，自然要讲的话也不同，从一开始的紧张，到慢慢拿起话筒主持，再到可以讲不同的话，他疯狂地迷恋上了舞台，迷恋上了说话的感觉。

为了可以在主持道路上有更高的突破，他来到了“主持人的摇篮”——中国传媒大学。他每天早上5点起床开始练声，课间与同学相互探讨发声位置和吐字归音，在这里他第一次接受系统性的学习，周围都是爱好主持的人群，随时可以听见校园里不同的人在练声，看见那些电视上的主持人在这里出现。他终于明白，如果想将一件事做好，就不要顾及旁人的猜疑，要勇敢地走下去。

梦想，需要坚持！

如今的他，已经成为一名婚庆主持人，无论是婚礼、年会，还是其他主持场合，都可以独自去应对了，并获得了“世界华人结婚产业颁奖盛典杰出主持人”称号，也获得了长三角地区婚庆主持人大赛金奖。当这些荣誉摆在他面前的时候，仍时常会想起中考那244.5的分数，为了让历史不再重演，好好努力吧！梦想，需要长期的坚持！

四、延伸

当人人都成为主角

对于生活而言，人人都是主角。但对于一场比赛而言，特别是一场团队比赛，如果人人都是主角，将会带来一场灾难。

伦敦奥运会男足决赛，巴西队对阵墨西哥队。墨西哥队首次闯入决赛，赛前并不被人看好。而拥有内马尔、马塞洛和帕托等巨星球员的巴西队，队员总身价超过2亿美元。赛前很少有人看好墨西哥队，认为只要比赛一打响，就会出现“一边倒”的情况，这场足球赛会成为巴西明星球员的集体“桑巴”。

但是，开场仅仅29秒，墨西哥队就攻入了一球。

球迷们很快发现，巴西队这支由众多球星组成的队伍，后防漏洞百出，进攻毫无建树，“强强联合”并没有形成累积效应，反而是赛前不被人看好的墨西哥队，无论进攻还是防守都十分出色。

最让人不可思议的是，在比赛中，巴西队两位“大腕球员”在场上起了争执，这让球迷们大跌眼镜。

最终，墨西哥队以 2∶1 将星光耀眼的巴西队扳倒在地。

个人力量如此强大的巴西队为什么输得这么惨？一位体育评论员一针见血："足球不是两个人的决斗，而是集体的战争。在巴西队，似乎人人都是主角，人人都想成为主角，结果谁都不能成为主角。"

一场十几个人参加的比赛，人人都要成为主角，肯定会暗藏某种让人难以察觉的危机。他们之间的不配合、不妥协及人人都想成为"英雄"的想法都将削弱一支球队的战斗力。

在众多球队中，我喜欢德国男足。德国男足是明星光辉最暗淡的球队，他们不会力推某一个球员成为明星。在球队中，每个人的水平似乎基本处于同一个档次，在场上他们的配合就像一台精密的机器，组成了一辆无坚不摧的"战车"。

如果把这种现象推及文化，德国其实也是一个不太崇尚明星的国家，德国人的个人色彩较为淡薄。

曾和一位德国技师打过交道，几年前，他从德国带来一个团队，一共有 6 名工人。这 6 名工人负责制造一种铆钉，每个人只负责一道工序，当有一个人生病或者身体不适时，整个生产只能停下来。对此，我十分不解，德国技师说："一个人要完成全部工序当然可以，但他不可能做到最专业。"

于是，我理解了。

团队的概念无处不在。一个单位乃至一个国家，只重视个人，不重视团队，那么个人再强大，也形成不了强大的力量，最终可能成为一盘散沙。

（原文链接：http://www.ledu365.com/a/zhichang/24970.html。）

第三节　志愿服务　树立"公民道德"意识

SMC 是微笑（smile）、模范（model）、合作（cooperation）的简称，以"微笑促成合作"为服务理念，建立 86 个青年志愿者服务基地，推出绿色环保、温馨服务、纪律督察和礼仪接待等 28 个学生服务岗位。每学期学生评优评先，要求志愿服务满 20 小时；团校毕业，要求志愿服务满 8 小时；业余党校毕业则要求志愿服务满 16 小时；每个学生毕业需 3 年累计志愿服务至少 20 小时。

一、媒体聚焦

志愿服务，传递友善之声。学校秉承“人人都是志愿者”的理念，号召全体师生共同参与志愿者“SMC”。“SMC”即校管会 school management committee（smile 微笑、model 模范、cooperation 合作，微笑促成合作）。学校建立 86 个青年志愿者服务基地，推出了以绿色环保岗、温馨服务岗、纪律督察岗和礼仪接待岗等为主体的 28 个学生常规服务岗位，以培养学生的责任性、公正性、自律性和团结合作意识。服务岗位的设立还与学生的综合素质考核挂钩，学校各类先进服务时间必须达到 20 小时，团校毕业要求完成 8 小时的专项志愿者服务，业余党校则为 16 小时。截至今年 10 月，学生累计完成校内外志愿者服务时间 2.8 万小时。

（《以文化人，引导学生健康成长》，《慈溪日报》2014 年 12 月 9 日。）

二、青年志愿者服务卡简介

青年志愿者服务卡，是志愿者身份的一种证明，由青年志愿者协会统一制作。志愿者每次参加志愿活动的时候，用此卡签到、签退，以此来积累志愿服务时间，用于服务考勤、积分计算、表彰激励等。还可以根据服务时间评星级志愿者，享受来自多个爱心商家的优惠消费和学校多重活动的参与权。志愿服务时间越长，星级越高，享受的优惠越丰厚，享受的活动越全面。这是对我校青年志愿者无私奉献的一种嘉奖和回馈。

慈溪杭州湾中等职业学校青年志愿者服务卡管理办法

“慈溪杭州湾中等职业学校青年志愿者服务卡”（以下简称“志愿卡”）可以说是个人志愿服务信息的纸质版。志愿卡由校青年志愿者协会统一制作，从 2006 年 3 月 10 日开始，由每周的活动带队人携带并发放，发放后由个人保管，参加活动时务必携带志愿卡，志愿者领到志愿卡后需要填写自己的相关信息，参加活动后由活动负责人签字确认，并且由带队人或青协实践部部长签字，采取双重证明措施。学期末统计本学期志愿者的服务时间，并盖上团委印章加以证明。

一、志愿卡的意义

（1）普通会员随身携带，随时记录个人志愿信息，还可以作为志愿服务文字证明材料。

（2）作为认证材料。如前述，个人参加校外的志愿活动，需要得到相关单位的证明材料。通过被服务机构在服务时间存折上的签名和盖章，服务时间卡就可以起到证明材料的作用。

二、服务时间积分

志愿者的服务时间×积分=服务积分。

志愿服务积分是我们评价、衡量每名志愿者服务情况的一项重要指标。

积分设定如下：

（1）由社团发起的日常活动，0.2个积分/小时。

（2）由学校、社团发起的大型活动，0.3个积分/小时。

（3）青协工作人员领队参加活动，以及重要档案整理活动，0.3个积分/小时。

（4）每学期学生评优评先，要求志愿服务满20小时；团校毕业，要求志愿服务满8小时；业余党校毕业则要求志愿服务满16小时。

三、志愿者等级（“★”）

许多同学有了一定服务时长之后，在个人资料登记中会显示出“★”。这个“★”代表着志愿者的级别。

学校青协根据志愿者注册后参加志愿服务的时间累计，认定其为一至五星级青年志愿者。

（1）志愿者星级评定标准实施后，参加志愿服务时间累计达到3个积分，认定为“一星志愿者”。

（2）志愿者星级评定标准实施后，参加志愿服务时间累计达到6个积分，认定为“二星志愿者”。

（3）志愿者星级评定标准实施后，参加志愿服务时间累计达到10个积分，认定为“三星志愿者”。

（4）志愿者星级评定标准实施后，参加志愿服务时间累计达到20个积分，认定为“四星志愿者”。

（5）志愿者星级评定标准实施后，参加志愿服务时间累计达到30个积分，认定为“五星志愿者”。

（6）注册机构对星级志愿者认定后，在其“慈溪杭州湾中等职业学校青年志愿者服务卡”及相关标识上进行标注，并根据实际情况颁发“星级志愿者”荣誉证书。

(7)“共青团慈溪杭州湾中等职业学校委员会”及“慈溪杭州湾中等职业学校青年志愿者协会”是评定及颁布志愿服务相关奖项的机构。

共青团慈溪杭州湾中等职业学校委员会

慈溪杭州湾中等职业学校青年志愿者协会

三、案例

案例一　孝老爱亲　志愿服务

2014 级数控班的蒋胡晨，2015 年 8 月被查出患有先天性心脏病，不得不接受手术治疗。在父母的细心照料之下，蒋胡晨的病情也一天天好转。原以为渡过了难关，但是好景不长。同年 10 月，蒋妈妈被确诊得了癌症，这对蒋家这个原本就不富裕的家庭更是雪上加霜。从小就孝顺的蒋胡晨，主动向学校请假，全程留在医院里细心地照顾妈妈。蒋妈妈住院期间，蒋胡晨每天早起去挂号排队，陪妈妈做各种检查，晚上为妈妈洗脚，深夜里看着一滴滴的药水打完再入睡。蒋妈妈出院后，蒋胡晨每次放学回家，第一时间就帮妈妈洗衣、做饭、干家务，定期陪妈妈去医院做检查。蒋胡晨希望自己能多陪在妈妈身边，多尽点孝心。

在家孝老爱亲，在学校蒋胡晨也是个乐于助人、积极向上的好学生，在他心里，无论是照顾病重的母亲，还是关心需要帮助的人，都是一种责任。蒋胡晨是校青年志愿者服务大队的大队长，在空余时间非常热爱参加志愿者活动。在校园内，他带领志愿者们主动帮助食堂阿姨们打扫餐桌卫生，帮助老师、同学们打扫校园内各处卫生，还经常帮助那些有困难的同学。双休日，蒋胡晨会定期组织志愿者们前往福利院、敬老院，带去一些日常生活用品、营养品，送去温暖，还会为爷爷奶奶和残疾孩子洗脚、剪指甲、捶背，尽可能地多陪伴老人和残疾孤儿，陪他们一起聊天和表演节目给他们看。蒋胡晨说，看爷爷奶奶们露出笑脸是他们最开心的事。最近，蒋胡晨被提名为“感动慈溪”2016 年度人物。

案例二　赠人玫瑰，手有余香

快乐，是人生中最美丽的一道彩虹。人人都在追寻快乐，都希望得到快乐，而得到快乐的方法却有多种多样。2014 级电子商务 1 班的陈明洁说，她的快乐就是帮助别人。

说起陈明洁的爷爷奶奶，那是远近闻名的“活雷锋”，她的父亲也继承了他们那种无私善良的好品质。村里有一户人家，父亲去世，母亲疯了，留下了可怜的一儿一女，陈明洁的父亲就经常照顾他们。正是由于长辈的善良，陈明洁从小得到了良好的熏陶，心里不知不觉就种上了乐于助人的种子，并随着年龄的增长渐渐地萌发出来。陈明洁认为，赠人玫瑰，手有余香，帮助别人，其实就是使自己更完美。

在寝室里，陈明洁除了做好值日工作外，还总是喜欢帮助别人一起打扫寝室，让寝室干净整洁，这是她和室友共同拥有的一个家，要使它更加温馨。在教室里，每天等同学们走了之后，她都会主动留下来排桌子、打扫卫生，使“7S”更加规范。这样的工作日复一日地坚持下去，她乐此不疲，在她看来，这是学习的地方，只有环境好了，才会学得舒心。

陈明洁认为，帮助别人不仅可以约束自我，还可以帮助别人解决困难，让自己也获得快乐，得到一种成就感。所以不单单在学校里，就是在外面，陈明洁也是尽自己所能帮助他人。有一次，她在路边看到一位衣衫褴褛的老人，正背着一个麻袋，推着一辆破旧的三轮车收购废品。路途很颠簸，他的脚有点跛，虽然戴了帽子，却丝毫掩饰不了老人脸上布满的皱纹。陈明洁赶紧回家，拿出一些用过的书籍、笔记本和饮料瓶子，装在袋子里，拿给了正在翻垃圾的老人。他很惊讶，而陈明洁只是说了句：“老爷爷，您可以帮我把这些东西带到属于它们的地方去吗?”轻轻的一句话，既帮助了老人，又维护了他的尊严。陈明洁看到老人发自内心地笑了，她觉得很开心，更加领悟到了“赠人玫瑰，手有余香”的含义。

陈明洁非常敬仰“感动中国”中的人物阿里木，她说：“我们的生活缺少乐于助人的感动，但很多人不是缺乏感动，而是缺乏去感动的勇气，一种传递感动的行动。”这个看似柔弱的小姑娘，发誓要像阿里木一样，用自己的实际行动去诠释正能量，让快乐传递下去。

四、延伸

一颗友善的心

在一次国会选举期间，美国第25任总统威廉·麦金利经常被一个记者如影随形地跟踪。因为此人效力的报纸与麦金利政见相左，他经常发表一些对其不利的报道。麦金利虽然对这个人感到很恼火，可内心倒是禁不住“钦佩”其攻击自己的那种执着劲儿。

一天，麦金利坐着马车去附近一个小镇演讲。天气异常阴冷，没走多远，麦金利就听见后面传来熟悉的咳嗽声，回头一看，原来是那个衣着单薄且正患感冒的记者，正坐着简陋的马车尾随而至。麦金利吩咐车夫停下，下车走到记者跟前，说：“年轻人，从你的座位上下来。”记者走下车，心想这个政敌报仇的时机到了。“拿着，”麦金利脱下自己的大衣递给记者，“这件大衣你穿上，坐进我的马车里去。”“可是，麦金利先生，”记者颇感意外地说，“我想你大概不知道我是谁。这次竞选我一直对你紧追不放，每次只要你一发表演说，我就会在报上骂你，我今天过来就是要尽我所能将你置于死地的。”“我知道，”麦金利微笑着说，“不管怎么说，你穿上这件衣服，先坐进那辆车里暖和暖和，等会儿你好打个漂亮仗。”结果，从那以后，这个记者再也没有发表过一篇诋毁麦金利的文章。

世界上最强大的不是坚船利炮，而是一颗友善的心，因为它能真正使人体会到尊重和温暖。心灵高贵的人能对他人萌生怜悯和同情，因为友善会使对方的敌意渐渐消释，没有人会拒绝友善所带来的温暖。所以，当你试图打开对方的心扉时，友善是最快、最有效的方式。

（原文链接：https://zhidao.baidu.com/question/2205193034377597548.html。）

第五章

教育评价趣味化，让学生感悟生命价值

科学而有趣味的评价机制能形成青少年思想道德发展的内驱力，对社会主义核心价值观培育起到激励和鞭策作用。针对中职学生喜动的特点，学校推出一系列不同于分数的趣味评价方法，让学生感受更多的不是压力，而是激励。同时，发挥榜样的示范作用，促进学生自立自强，增强团队合作意识。

第一节　阳光卡激励

针对学生的各种“善行”，学校推出阳光卡制度，聘请了64位学生担任“阳光经理”，执行阳光卡评价，为全校学生建立志愿者积分数据库，鉴定学生的活动开展情况。凡参加各类比赛、德育实践、志愿服务以及学习进步等，可奖励阳光卡。每周二集会，学生上台，由校长颁发阳光卡。阳光卡具有替换学分，兑换活动门票，缩短、降低处分期限或撤销处分等功能。

一、媒体聚焦

一张小小的阳光卡，产生了这种化腐朽为神奇的蜕变。

分管德育的副校长黄百央说：“刚来学校时，孩子们普遍自卑，甚至不敢和老师打招呼、不敢在课堂上发言。其实他们同样善良、勤劳，同样拥有梦想、渴望成功，只是需要人们去引导。”为鼓起他们重新追求成功的勇气，学校煞费苦心地推出阳光卡制度。

在这里，只要努力，人人皆有机会获得阳光卡：学生在技能比赛、志愿服务、社团活动等方面有突出表现，甚至在打扫卫生时兢兢业业，就可以获得阳光卡。这张代表成功和荣誉的卡片，由校长在全校集会时亲自颁发，可以用来抵学分、优先参加各种社团活动，每月获卡最多的学生，还可获评“阳光青年”。

“校园感动人物”“百名慈孝之星”“中职魅力人物”“优秀志愿者”……这些在应试教育中屡受挫折、听惯了批评的孩子，被阳光卡激励着，赢回了追梦的底气。

（《十六岁，花季如歌——寻找慈溪杭州湾职校德育生活化的细节》，《浙江日报》2015年1月30日。）

二、阳光卡实施方案

慈溪杭州湾中等职业学校阳光卡实施方案

为了实现“树育人特色，做专业品牌，创一流学校”的办学目标，努力把学生培养成为有理想、有道德、守纪律、懂礼仪、肯吃苦、精技能、会创新、充满阳光的技能型精英人才。根据学生在校内外的各种表现，通过发放“阳光卡”激励学生积极进取，奋发向上。特制订本方案。

一、阳光卡分类

阳光志愿卡、阳光爱心卡、阳光运动卡、阳光才艺卡、阳光技能卡、阳光进步卡、阳光奉献卡、阳光学习卡、阳光礼仪卡、阳光“7S”卡。

二、阳光卡发放细则

1. 阳光志愿卡

积极参加志愿者工作，校内服务累计达到4小时、校外累计达到2小时发放1张，以此类推，上不封顶。此卡由校青年志愿者服务大队提供服务凭证，向校团委阳光银行提出申请，核实后进行发放。

2. 阳光爱心卡

积极参加各类献爱心活动。每月自愿向“100%的爱心”捐献1元人民币者，每学期结束后发放此卡1张，由班主任申报校团委，核实后发放；临时性爱心捐款活动时，捐献20元以上人民币者发放1张，捐献50元以上人民币者发放2张，捐献100元以上人民币者发放3张，以此类推，5张封顶，由校团委发放；拾金不昧者，50元以下人民币发放1张，50元以上人民币发放2张，100元以上人民币发放3张（捡到物品折现后发放），以此类推，5张封顶，由上交部门、老师向校团委阳光银行申请发放。

3. 阳光运动卡

积极参加学校、市级、省级各运动类比赛，积极参加体育锻炼。参加各运动类比赛者，获校内第4~6名发放此卡1张、第2~3名发放此卡2张、第1名发放此卡3张；获慈溪市级第4~6名发放此卡4张、第2~3名发放此卡5张、第1名发放此卡6张；获宁波市级第4~6名发放此卡7张、第2~3名发放此卡8张、第1名发放此卡9张；获浙江省第4~6名发放此卡10张、第2~3名发放此卡11张、第1名发放此卡12张；获全国第4~6名发放此卡13张、第2~3名发放此卡14张、第1名发放此卡15张，由比赛组织部门发放，破各项记录者另外嘉奖。积极参加体育锻炼，每月每天参加早锻炼、课间操、课外活动者，发放此卡1张，由班主任向校团委阳光银行申请发放。

4. 阳光才艺卡

积极参加学校、市级、省级各才艺类比赛，积极参加社团活动、才艺展示。

参加各才艺类比赛者，获校内三等奖发放此卡1张、二等奖发放此卡2张、一等奖发放此卡3张；获慈溪市级三等奖发放此卡4张、二等奖发放此卡5张、一等奖发放此卡6张；获宁波市级三等奖发放此卡7张、二等奖发放此卡8张、一等奖发放此卡9张；获浙江省三等奖发放此卡10张、二等奖发放此卡11张、一等奖发放此卡12张；获全国三等奖发放此卡13张、二等奖发放此卡14张、一等奖发放此卡15张，由比赛组织部门发放。积极参加社团活动、才艺展示，校内活动累计达到4小时，校外活动累计达到1小时者，发放此卡1张，以此类推，上不封顶。由学生社团联合会考核后向校团委阳光银行提出申请，核实后进行发放。

5. 阳光技能卡

积极参加学校、市级、省级各技能类比赛。参加各技能类比赛者，获校内三等奖发放此卡1张、二等奖发放此卡2张、一等奖发放此卡3张；获慈溪市级三等奖发放此卡4张、二等奖发放此卡5张、一等奖发放此卡6张；获宁波市级三等奖发放此卡7张、二等奖发放此卡8张、一等奖发放此卡9张；获浙江省三等奖发放此卡10张、二等奖发放此卡11张、一等奖发放此卡12张；获全国三等奖发放此卡13张、二等奖发放此卡14张、一等奖发放此卡15张，由教务处发放。

6. 阳光进步卡

在班级各项事务、学习中，表现明显进步的，每月根据学生进步情况发放此卡1～2张，由班主任发放。

7. 阳光奉献卡

积极参加团学联各项工作，其他学生积极协助各处室、教师完成相关工作。团学联成员，根据每月部门考核，由校团委发放此卡1～4张。协助其他处室、教师完成相关工作的，根据任务难易程度、完成情况，由该处室、教师发放此卡1～4张。

8. 阳光学习卡

在班级各门课程中，学习突出、进步明显者，该课程任课教师发放此卡1张。

9. 阳光礼仪卡

仪容仪表符合学校要求、尊敬师长有礼貌。每月的仪容仪表（校牌、校服、头发、首饰、化妆等）达标者，班主任向教官申请，教官核查，符合者由教官发放此卡1张。经常看到教职工积极主动问好者，教职工可以向校团委申请发放此卡1张。

10. 阳光“7S”卡

积极参加班级教室“7S”、寝室“7S”整理，获得优异成绩。每月根据团学联对教室“7S”、寝室“7S”的排名情况，月考核优秀班级按班级人数发放（如班级39人发放39张，具体班级学生发几张由班主任确定），月优秀寝室按寝室人数发放，由寝室“7S”、教室“7S”管理教师发放。

三、阳光卡使用办法（使用时各类卡无区分）

1. 奖励学分

各类阳光卡10张，可以奖励1个学分。

2. 降级处分

各类阳光卡10张，可以向学生处申请降级处分1级。

3. 换取手机

第一次被收，1周后凭5张阳光卡换取。

第二次被收，2周后凭10张阳光卡换取。

第三次被收，4周后凭15张阳光卡换取。

第四次被收，8周后凭20张阳光卡换取。

4. 活动门票

各类阳光卡2张兑换电影门票1张。

各类阳光卡2张兑换台球室门票1张。

各类阳光卡15张有机会兑换校团委举办的各类活动门票1张。

5. 优惠活动

各类阳光卡5张兑换砂锅一份（每周限20份）。

各类阳光卡5张兑换小盆栽（每周限20份）。

各类阳光卡20张兑换创业街水果店VIP卡一张，可享受88折（本学期有效）。

各类阳光卡2张兑换三楼食堂黄焖鸡、奶茶、汉堡、鸡排、手抓饼等优惠券1张（2元现金券），各家店面每周20张。

6. 评奖评优

评选校级单项积极分子、优秀团员等每学期需各类阳光卡15张。

评选校级三好学生每学期需各类阳光卡20张。

评选校级优秀团、学干部等每学期需各类阳光卡30张。

评选市级及以上各类先进者每学期需各类阳光卡30张。

申请入团者该学期需各类阳光卡15张。

申请业余党校结业者该学年需各类阳光卡40张。

申请国家奖学金者该学年需各类阳光卡40张。

7. 其他活动

各类阳光卡15张可要求学校教职工（包括校级领导）一起参加活动，如打篮球、打乒乓球、吃饭等。

贫困生凭各类阳光卡可去校爱心超市兑换各类生活用品。

四、其他

1. 希望各发放部门严格按照此方案发放相应阳光卡，如有违规将取消发放权限。

2. 未尽事宜另行通知。

“阳光经理”月考核机制

一、一级“阳光经理”考核细则

(1) 执行力：满分5分。一级“阳光经理”应在每周五10点前，将各区域积分统计表及兑换申请表汇总至“阳光银行”总部，迟交扣2分，未交扣5分。

(2) 执行质量：起评分5分。一级“阳光经理”应做好所在区域班级青年志愿者积分审核工作，对发现问题并核实的，每处加1分。

一级“阳光经理”考核以以上2项相加总分为依据，若连续两次考核垫底，则视为C级。

二、二级“阳光经理”考核细则

(1) 执行力：满分5分。二级“阳光经理”应在每周四19:30前，将班级青年志愿者积分统计和分类上交至所在区域的一级“阳光经理”，迟交扣2分，未交扣5分。

(2) 执行质量：满分10分。二级“阳光经理”应认真做好班级青年志愿者积分统计和分类工作，出现漏算、多算情况，每次扣1分；如有造假舞弊的严重违规行为，按0分处理。

(3) 服务效果：满分5分。二级“阳光经理”应提醒和帮助班级青年志愿者进行积分的兑现。按照各班月兑现项目数量进行考核，前10名5分，第11～

20 名 4 分，第 21 ~30 名 3 分，第 31 ~43 名 2 分。

二级“阳光经理”考核以以上 3 项相加总分为依据，前 5 名为 A 级，第 6 ~15 名为 B 级，第 16 ~40 名为 C 级，剩余为 D 级。

慈溪杭州湾中等职业学校阳光银行

2015 年 3 月

三、案例

阳光自信少年——方晨阳

2016 年“五一”劳动节期间，由人社部和中央电视台共同主办的大型职业技能挑战节目《中国大能手》第二季之《神秘焊将》，在中央电视台综合频道和中央电视台财经频道重播。细心的观众会发现，来自慈溪杭州湾中等职业学校的方晨阳，在十强赛中，过两关斩七将，最终获得第三名，这是浙江人的骄傲，更是慈溪人的骄傲。

本次比赛通过报名海选、复赛，最后有 10 名顶尖焊接选手进入决赛。焊工被称为“铁裁缝”，在机械制造、工程建设等行业中随处可见他们的身影。比赛共分难度超高的四关，第一关为“点亮大能手”，10 名选手要在 10 分钟内通过焊枪连接 29 根焊柱，从而点亮灯箱上“中国大能手”5 个字的 29 个笔画，最终点亮笔画最多、速度最快的 4 名选手进入下一轮，两根焊柱之间只有 1 毫米，一根带电，另一根不带电，焊接难度高。由于焊柱只会越焊越短，焊缝越焊越大，因此只能一次成功。方晨阳在本轮比赛中，抽到5号工位，以高超的焊接技术，沉着应战，点亮28笔，用时2分钟，进入下一轮。

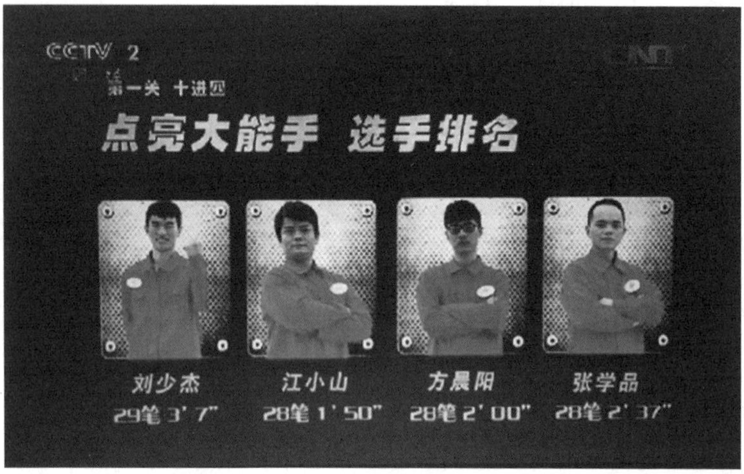

第二关为“灯上断铁丝”，是用焊枪来切割，民间所说的“铁裁缝”，有“裁”有“缝”。4名入围选手要用焊枪切断扎在灯泡上直径为0.5毫米的铁丝，每个工位10盏灯，需在5分钟内完成，难度在于铁丝离灯泡只有0.5毫米。在本轮比赛中，方晨阳抽到2号工位，刚开始由于火焰调整不好，总是点不着火。在其他3名选手都完成了比赛的情况下，他还没有点着火，观众都为他捏了一把汗，但心理素质过硬的方晨阳不慌不忙。除了在第一个铁丝熔断过程中，由于火焰过猛导致灯泡熄灭，余下9个全部顺利完成，虽然他最后一个完成比赛，仍然以排名第三的身份晋级第三关。

第三关为“水火两重天”。水柱和火焰都带有压力，给选手焊接带来很大困难。人们常说“水火不相容”，可这一关选手却需要在水火之间展露自己的绝技。在两根管道上各有8个小孔，同时分别喷出火焰和水柱，3名选手要在这样极端的条件下用最短的时间完成抢险补漏。方晨阳抽到3号工位，他利用娴熟的补焊功夫，顺利补住了8个火焰孔，但在补水孔的过程中，虽然补住了5个水孔，可是最后由于水压越来越大，最后3个孔没法补住，止步于第三关。虽然没有机会进入第四关“极限高压”冠亚军决赛，但学焊接只有3年多的方晨阳，在这场激烈而紧张的高水平比赛中，获得第三名已经实属不易。

方晨阳的成功在于他的自信，而他的自信则来自他自身不懈的努力与学校在技能和品行上对他的培养。在我校的3年多时间里，方晨阳多次获得“阳光少年”“校园感动人物”等荣誉称号。从一个中考落榜生到一位高级技工，他经历了失败，但是在陈杰老师的耐心指导下，克服了电焊实训室的炎热，克服了长时间府焊给双脚带来的麻木。在学校各种激励机制的保障下，方晨阳逐渐变得自信、开朗，一定程度上又促进了他在技能上的稳步提升。我们期盼他以此为契机，再接再厉，将来成为一名“大国工匠”。

四、延伸

在困境中充满自信的人

世界上有一批虽身处逆境，但充满自信、自强不息、奋斗向上，最终获得辉煌成就的人。古希腊著名演说家德摩斯梯尼，幼年说话结巴，语音微弱，演说时常被人喝倒彩。但他始终对自己信心百倍，为了克服疾病，每天清晨口含小石子，进行呼喊练习，终于成为口若悬河、辩驳纵横的演说家。

美国著名的女作家海伦·凯勒，幼年因病造成又聋又盲。她自信自强，14岁攻克多种外语，通晓德国、法国、古罗马、希腊文学。20岁考入著名的哈佛大学，后来成为著名作家。

德国著名天文学家开普勒，4岁时出天花，留下一脸麻子，后又患猩红热，高烧烧坏了眼睛，成了高度近视，他终身受疾病折磨。但他从未失去自信，在贫病交加中斗志昂扬，终于提出了行星运动三定律，为牛顿发现万有引力打下基础。重要著作有《宇宙的神秘》《哥白尼天文学概要》《宇宙谐和论》等。

塔哈·侯赛因，埃及作家、文学评论家，3岁时就双目失明，但他顽强自信，留学法国，成为埃及历史上第一位博士。作品有小说《鹧鸪的叫声》《不幸的树》《失去的爱情》和带自传性的《日子》等，还写有文学评论《前伊斯兰时代的文学》和《阿拉伯文学史》等，被誉为“阿拉伯文学支柱”。

在逆境中不失自信，古今中外屡见不鲜：张海迪幼年因病高位截瘫，但她自信努力，成为作家、翻译家；被誉为科技“铁人”的高士其，他在病情不断恶化、从半身瘫痪到全身瘫痪、失去讲话能力的情况下，还创作了60多万字的科学小品和科普论文，创作了两千多行诗歌，著述新书十几本；屈原被流放写成《离骚》；孙膑受膑刑后著《孙膑兵法》；司马迁遭宫刑写《史记》；贝多芬耳聋后谱出《英雄交响乐》。

（原文链接：http://blog.renren.com/share/345273240/14667636566。）

第二节　“校园星星”评比

每学期评出10类明星学生，诚信之星、友善之星、劳动之星、纪律之星、体育之星、阅读之星、礼仪之星、进步之星、“7S”之星和技能之星。每年评出“十佳爱心家长”“校园感动人物”“百名慈孝之星”。通过分享一个个“平民英雄”积极的人生态度和优秀事迹，从而培育坚定的社会主义核心价值观。目前，已有50位技能尖子、道德楷模的手印永久留在“星光大道”上，让“星星”们在英雄般的礼遇中闪耀。

一、媒体聚焦

在杭州湾职校，品行优良的学生可以同国家技能大赛获奖学生一样，由学校授予最高荣誉——入主学校“星光大道”。

“星光大道”正对着行政大楼，大道两旁分别树立着一排长长的五角玻璃星，“展示在这里的都是我们的明星学生！”记者数了一下，一共有31位明星学生，其中8位是德育明星。

在杭州湾职校，品德好最光荣，为鼓励学生传承传统美德，学校每年举办“百名慈孝之星”评比活动，每年评出“百名慈孝之星”，再从中评出“十佳慈孝之星”。到今年，全校共评出300名“百名慈孝之星”、30名“十佳慈孝之星”。

采访中，学生岑泽说，学校从来不对学生讲那些“高大上”的大道理，但学生每天接触的，不是慈孝之星，就是自强不息者，在这样的环境中，想要不变好也困难。

（《润物细无声——“德育生活化”在杭州湾职校的实践》，《宁波日报》2014年11月28日。）

二、“校园感动人物”“十佳慈孝之星”“十佳爱心家长”评选

慈溪杭州湾中等职业学校“校园感动人物”评比方案

感动是情感的共鸣，是心灵的震撼。校园在感动中发展，精神在感动中升华，社会在感动中进步。随着学校的发展，在全校师生中，每年都会涌现出一大批优秀的人才，他们以良好的精神风貌唱响了校园精神文明建设的赞歌，以实际行动为学校建设与发展做出了突出贡献。为更好地培育和践行社会主义核心价值观，营造良好的学风、教风、校风，构建文明和谐校园，经学校研究决定，每学年开展“校园感动人物”评选活动。制订如下评比方案：

一、活动主题

让感动常在，让真善美充满慈溪杭州湾中等职业学校的每个角落和每个人的心灵！

二、活动口号

发现感动，表达感动，传递感动，共享感动。

三、活动时间

每年11—12月。

四、评选对象

全校师生员工及所有为学校发展做出感人贡献的人或集体。

五、评选条件

无论事迹已被众人传诵，还是鲜为人知，只要在近几年里，他（她）能勤奋学习、努力工作、关爱他人、无私奉献、弘扬正气，所作所为有着催人奋进的精神品质，用自己的行为解读人与人之间的真善美，给人们以感人至深的心灵震撼。

六、评选原则

民主、公开、公平、公正。

七、推荐方式

班主任、各处室、领导班子相应推荐候选人。

八、评选程序

(1) 宣传阶段：每年11月，通过各种方式开展宣传活动，让全校师生了解活动的重大意义和相关事项，关注并参与活动。

(2) 推选阶段：每年12月中旬以前，完成推荐工作，并提交候选人典型事迹等有关材料。

(3) 确定正式候选人：每年12月底前，由校领导、教职工和学生代表组成评选委员会，根据候选人的典型事迹，投票产生正式候选人名单，并将其主要事迹在校报、广播站、宣传橱窗上进行公示，接受全校师生职工的监督。

(4) 综合评选：次年1月初，发动全校师生利用问卷调查等方式进行投票。之后，由评选委员会结合投票情况对候选人事迹进行综合审议，确定“校园感动人物”名单。

九、活动要求及其他事项

(1) 全校上下要高度重视此次活动，要精心安排、认真组织，在做好典型人物和事迹挖掘的基础上，充分利用广播、黑板报等方式，广泛宣传，积极营造良好的活动氛围。

(2) 广大学生以先进为榜样，努力学习、奋发成才，争创和谐校园、共建一流名校。

慈溪杭州湾中等职业学校“十佳慈孝之星”“十佳爱心家长”“十佳慈孝家庭”评选方案

为传承和弘扬中华民族传统美德，增强广大青少年的感恩尽孝之心，增进家庭成员和谐幸福，树立孝亲尊长为社会做贡献的好典型，努力推进社会主义核心价值体系教育。经学校研究决定，开展慈孝感恩主题德育活动，特制订本活动方案。

一、活动主题

“弘扬孝德文化、寻找慈孝家庭”。

二、组织领导

组长：校长。

副组长：德育副校长、德育线中层。

成员：德育线干事、全体班主任。

三、活动时间

每年10—11月。

四、参加对象

全校师生及家长。

五、活动内容

（一）宣传阶段（10月中旬）

（1）利用海报、横幅、网络、校讯通等宣传“弘扬孝德文化、寻找慈孝家庭”主题活动精神，倡导广大学生人人争当慈孝倡导员、宣传员，人人争做慈孝实践者。

（2）各班组建班级家长委员会（成员5名），并推荐1名为学校家长委员会成员。

（3）各班自行开展“我与我的家庭”主题班会，通过主题班会，相互交流与长辈之间的沟通方法，谈谈家庭成员之间的和谐幸福故事，邀请家长代表参与。

（二）实践阶段（11月中旬）

（1）各班在主题班会后自行组织“十佳慈孝之星”“十佳爱心家长”“十佳慈孝家庭”的评选，每班选出3名慈孝之星、3名爱心家长和3个慈孝家庭，填写电子推荐表（个人慈孝事迹、家庭感人故事等，并收集全家福照片）。

（2）对全校推荐出来的“十佳慈孝之星”“十佳爱心家长”“十佳慈孝家庭”进行海报宣传公示。

（三）总结表彰阶段（11月底）

（1）评选出慈溪杭州湾中等职业学校三“十佳”慈孝模范。

（2）召开慈溪杭州湾中等职业学校第五届家长委员会暨三“十佳”慈孝模范表彰大会。

（3）上报总结材料。

六、活动要求

（1）各班要高度重视、严密组织，严格落实活动实施方案，结合本班实际情况，创造性地开展工作，确保慈孝德育活动收到积极、良好的社会效果。要严防搞形式主义、走过场。

（2）各班级建立学生活动记录簿，安排专人负责，详细记录班级开展活动的落实情况。班主任利用班会及时总结，表扬先进树立榜样，积极创建"慈孝感恩"优秀班级集体。

（3）学生处及团委、学生会加大检查力度，及时通报活动的进展情况，及时表扬在活动中涌现出来的各方面典型人物和事迹，不断总结经验，将活动向纵深发展。

三、案例

案例一 寸草朝阳，永沐春晖

曲朝阳，是2013级变配电专业高级工班的一名学生。他曾经是一个不幸的孩子，7岁那年，父亲因车祸去世。5年后，母亲被查出肝癌晚期，从检验报告出来到去世，只有短短两个月。当时的曲朝阳只是一名小学生，在许多同龄的孩子还在父母面前撒娇的时候，他却失去了严父的教诲、慈母的疼爱，要面对漫漫人生路上没有双亲爱护的凄楚。

幼小的他，从此与年迈的奶奶相依为命。为了不给奶奶带来更多的压力，曲朝阳果断地决定，以后上学、放学都自己骑车。从此，无论刮风还是下雨，数九寒冬还是炎炎酷暑，他都坚持着，从不抱怨。在初中，曲朝阳尊敬老师，与同学们融洽相处，勤奋学习，从来没有让奶奶和老师操心。3年来，先后被评为"慈孝之星""学雷锋积极分子"等。

在初三毕业面临升学时，曲朝阳上了普高线，却选择了读职业学校。在曲朝阳看来，尽管自己也在假期打工，但家里的开销大部分还是要由奶奶的退休金来支撑。为了奶奶和自己今后更好地生活，他想学到一门出色的技能，早日踏上社会工作，给家里减轻负担，让奶奶早日过上舒适的晚年生活。曲朝阳认为，在职业学校，只要刻苦钻研、勤练技能，5年以后就可以成为高级技工，成为专业技术人才。

中考后，他毅然选择了慈溪杭州湾中等职业学校，成为2013级变配电专业高级工班的一员。曲朝阳在这里快乐地生活、学习。在生活中，他经常得到别人的帮助，所以他希望在有能力的时候，能够通过各种途径去帮助别人，把这份浓浓的爱传递下去，让更多的人感到温暖。一入学，他就果断地加入了青年志愿者的队伍，积极参加学校组织的各项活动。通过一学期的努力，已经成为一名出色的志愿者，并被评为“优秀青年志愿者”。在学校里，他十分重视全面发展，暑假在协和医院里当实习电工，学到了很多跟专业知识接轨的东西，入学后，一听到学校成立了“水电服务站”，就积极应聘，并担任了部长。他热爱艺术，参加合唱社并担任社长。在学生会改选时，高票当选副主席。由于工作出色，学习刻苦，他又被评为“三好学生”。他做得很出色，让他的奶奶引以为傲，这就是一种平凡而感人的孝德。2015 年暑假，他加入了全国劳模钱海军志愿者服务中心，拜钱海军为师，和他们一起冒着酷暑走入社区，为百姓做好事，弘扬志愿服务精神。

曲朝阳说，他最要感谢的是奶奶，奶奶陪伴他度过十多年，这些年来有欢笑，有泪水，有悲伤，也有喜悦。如果没有奶奶，也肯定没有现在的他。奶奶把无私的爱给了他，所以他一定要衔食反哺，好好尽一份孝心。曲朝阳是这么说的，也一直是这么做的。有一年奶奶因雨天路滑，在骑自行车时不慎滑倒，造成左脚踝骨骨折，住院开刀上钢板，出院后回家静养。她一个人躺在床上，全靠曲朝阳照顾。每天早晨起床，他就到奶奶房间嘘寒问暖，帮奶奶打水洗脸、漱口，倒便盆，烧好开水灌在热水瓶里，淘米放在电饭锅，等到水和饭都在奶奶床头边的写字台上，才开始做自己的事情。曲朝阳从小就特别懂事，从不与同学闹矛盾，回到家第一句话就是：“奶奶，您今天累不累？”一直到现在，饭碗都由他洗，自己的衣服也都是自己洗。奶奶毕竟老了，已到古稀之年，他就帮奶奶洗脚、剪脚趾甲。有一次，学校领导和班主任去家访，他照顾奶奶那从容娴熟的动作让大家惊叹不已。点点滴滴的事情还有很多，汇聚在一起就是一份令人赞赏的孝心。孝是中华民族的传统美德，是一种自然的体现，也是一种坚持与守望。

2014 年 8 月底，曲朝阳被评为“慈溪市十佳小孝星”，2015 年 1 月又被评为“宁波市十佳孝德之星”，同时被评为“感动慈溪”2015 年度人物。回想起曾经走过的路，曲朝阳说，小时候经常听到一首歌“世上只有妈妈好，没妈的孩子像根草”。以前他每次听都感觉自己好悲惨，羡慕那些有父母的孩子。可是现在他觉得他就是小草，经历风吹雨打、日晒雨淋却依然顽强不息。他甘愿做一根小草，寸草朝阳，知恩图报，以自己的实际行动，来报答奶奶的“三春晖”。

案例二 我要拿全国金牌

2014 级焊接班的鲁涛同学个子不高，但在数控集训队是老大哥了。原来抱着试一试的心态和对数控加工的兴趣参加了数控集训，在将近两年的训练中，让他掌握了很多技术技能。曾经有一次去外校拉练，看到其他学校的同龄人怀着执着的态度艰苦地训练，加工出了高质量的工件，他深有感触。回来以后，他在完成老师的训练任务以后，会多练一两个小模块，平时有空会看看高水平数控加工的视频。遇到技术难题时，并不急着去请教老师，而是自己先找资料研究、试加工，每当攻克数控加工的难题时，心里的成就感和自豪感油然而生。兴趣的激发、严谨的训练，使鲁涛的技术水平不断提升。我们为鲁涛加油，希望他能成为我校数控加工全国金牌第一人。

案例三 很苦，但我要练好我的技术

2015 级汽车装配 1 班的徐晓东同学，是一个腼腆的男孩子，他的梦想是拿到全国焊接比赛的金牌。进入焊接集训队一年以来，训练认真、刻苦，技术能力已经达到高级技工的水平。2016 年暑假，当同学们都考虑去哪里玩，玩什么的时候，徐晓东和他的伙伴们穿着牛皮防护服、顶着 50 多度的高温在实训室里流汗苦练，半天就要汗湿一件工作服。为了备战 2016 年宁波市电视技能大赛，解决焊缝技术难题，徐晓东每天泡在焊接实训室加班加点。临近比赛，他的手臂上被焊渣烫出了水泡，他到医务室做了清理后继续训练。我问他：“苦不苦?”他说：“很苦，但我要练好我的技术。”“练好我的技术”，这句朴实的话，背后要付出多少艰辛和努力！徐晓东的未来不是梦，他的付出会得到回报，会不断超越自己和别人。

四、延伸

爱的“双簧”

妻子叫他“车夫”，周围人都叫他“车夫”。

他的车是一辆三轮车和一辆轮椅。坐在车上的是他多病缠身的老母亲。

刚开始的时候，母亲还能走动，他就用三轮车拉，后来母亲上不去三轮车了，他就用轮椅推。每天，街坊邻居们都看着他们娘俩有说有笑地出门，有说有

笑地回来，回来的时候，车上（轮椅上）就多了一些五颜六色的新鲜蔬菜。

邻居们很疑惑："你出门买菜，一个人去就是了，干吗总带着你妈啊？多费劲啊！"

他们家住4楼。有一次，他背母亲下到2楼拐弯处时，腰痛难忍、双脚发软，他拼命向前跨出几大步，还是摔倒了，前额磕出了血，但万幸的是背上的母亲安然无恙。这样摔下楼的经历，前后有过6次。

可他还是或拉或推地带着母亲，乐呵呵地去菜市场。

有一天，一个老太太把他拉到一旁问："小伙子，这些年我天天看你推轮椅带妈妈上街，你妈是什么官？每月退休金有1万吧？"

他说："我妈是家属，没有退休金。"老太太脸一拉，说："不讲实话！父母没钱，孩子哪会这样孝敬？你妈的存款是50万还是100万？"

他苦笑道："大娘，我妈不仅没有存款，而且每月的医疗费就得好几千。"老太太愣了片刻，流着泪走了。其实，他带母亲出门买菜，不仅为了让母亲透透气、聊聊天，还为了发挥母亲的砍价优势呢。每次跟商贩讨价还价成功，省个五分、一毛，母亲都格外高兴，一路上神采飞扬，很是得意，回来跟他说："看看，儿子！妈妈比你强吧，我今天买菜省了不少钱呢。"母亲感受到自我价值的那种成就感，他一辈子都忘不了。

于是，他再辛苦也要带着母亲一块去买菜。

有时候，遇到一些死板的小贩，母亲怎么砍，都不肯让步，他就偷偷地戳戳商贩，或使个眼色，意思是：你就先按我妈出的价卖，余额我待会儿补给你。心领神会的小贩照办了。砍价成功的母亲又能高兴一整天。

时间一长了，小贩们都知道了他们娘俩的故事，也都很乐意配合他的"演出"。每次他带着母亲出现在菜市场，他一开口问价，商贩们总是把价格叫得高高的，而且一脸严肃，丝毫也没有商量的余地。而等到母亲"出马"的时候，小贩们总是很快便"无可奈何"地"就范"了，有时候，还顺带夸上两句："大妈，您可真会说啊，姜还是老的辣啊！"

他和小贩这样的"双簧"演出一直持续了十多年。有时候，给母亲的爱一个出口，也是一种孝顺。让母亲感觉到有价值，这样的"精神赡养"比任何物质都显得珍贵和重要。

这个为母亲演"双簧"的"车夫"叫王春来，是洛阳监狱一级警督，也是"当代中华最感人的十大慈孝人物"之一、"中华新二十四孝奖"的获得者。

（原文链接：http://www.leleketang.com/lib/41993767.shtml。）

第三节 “五位一体”评价

构建学生自评、师生共评、家长、企业、社区参评的“五位一体”的动态评价体系。以“学生成长手册”“修身本”“德育活动项目单”“101 个生活细节量化考核表”为抓手，利用微信、QQ 等“互联网 +”教育为评价手段，实现学生自我评价、教师即时评价、家长赏识评价、社区志愿服务评价、企业实习评价，全面记录学生在校的成长历程。

一、媒体聚焦

2010 年，杭州湾职校搬入杭州湾新区后，校企双方组建了企业理事会，合作办起了企业冠名班。慈溪天美印务有限公司冠名的天美印务班是该校第一个冠名班。此后几年，陆续涌现了奔驰班、方太班、慈星班等。像天鸿钢构冠名焊接班、奔驰 4S 店冠名汽车商务班、韩电电器冠名数控维修班等，这些班级的专业与企业都是对口的，冠名企业还会拿出一定的经费，投入学校设立的奖学金中。

目前，该校已培养了很多出色的金色蓝领，如德邦控股总经理助理郑雪娇、德邦印务副总经理应挺等。说起这些学子，张红阳如数家珍，说：“前不久，76 名学生被大众公司录取，送至上海大众总部培训，培训结束后就将派遣到大众宁波工厂上岗。”

（《杭州湾职校有 60 个冠名班》，《杭州日报》2013 年 12 月 5 日）

二、“五位一体”评价表

表 5－1　慈溪杭州湾中等职业学校学生“德育生活化”量化评价样表

班级____________　　姓名__________　　寝室__________

考核指标	写实性详细记录个人本学期表现情况（取得的成绩、参加活动、有关获奖等）	学生自评		学生互评		教师评价	
		加分	减分	加分	减分	加分	减分
以班级为单位奖励	以在校班级的前 10% 奖 3 分，在校班级的 11% ～20% 奖 2 分，在校班级的 21% ～30% 奖 1 分（检查数据以学生处、团委、值周老师、学生会检查为准）						

（续上表）

<table>
<tr><th rowspan="2">考核指标</th><th rowspan="2" colspan="2">写实性详细记录个人本学期表现情况（取得的成绩、参加活动、有关获奖等）</th><th colspan="2">学生自评</th><th colspan="2">学生互评</th><th colspan="2">教师评价</th></tr>
<tr><th>加分</th><th>减分</th><th>加分</th><th>减分</th><th>加分</th><th>减分</th></tr>
<tr><td>以寝室为单位奖励</td><td colspan="2">周“7S”平均分在85分及以上，纪律违纪0次，每人加2分（检查数据以学生处、学生会检查为准）</td><td></td><td></td><td></td><td></td><td></td><td></td></tr>
<tr><td rowspan="13">以个人为单位奖励</td><td rowspan="13">阳光卡</td><td>以学校各职能部门提供的数据为标准（每张奖2分）
（1）课余参加志愿者服务</td><td></td><td></td><td></td><td></td><td></td><td></td></tr>
<tr><td>（2）课余参加社团活动</td><td></td><td></td><td></td><td></td><td></td><td></td></tr>
<tr><td>（3）课余（晚自习）参与“1919”活动</td><td></td><td></td><td></td><td></td><td></td><td></td></tr>
<tr><td>（4）课余（晚自习）帮助老师参与学校管理</td><td></td><td></td><td></td><td></td><td></td><td></td></tr>
<tr><td>（5）拾金不昧</td><td></td><td></td><td></td><td></td><td></td><td></td></tr>
<tr><td>（6）积极打扫厕所</td><td></td><td></td><td></td><td></td><td></td><td></td></tr>
<tr><td>以班主任统计数据为标准（每周奖励2分）
（1）每周无旷课、迟到、早退</td><td></td><td></td><td></td><td></td><td></td><td></td></tr>
<tr><td>（2）仪容仪表达标</td><td></td><td></td><td></td><td></td><td></td><td></td></tr>
<tr><td>（3）不带零食</td><td></td><td></td><td></td><td></td><td></td><td></td></tr>
<tr><td>（4）课余（晚自习）帮助老师参与班级管理</td><td></td><td></td><td></td><td></td><td></td><td></td></tr>
<tr><td>（5）向校报、校刊、校广播站投稿</td><td></td><td></td><td></td><td></td><td></td><td></td></tr>
<tr><td>（6）不违规使用手机</td><td></td><td></td><td></td><td></td><td></td><td></td></tr>
<tr><td>（7）课余时间在寝室、教室、实训室、等公交车时、校园内认真看书</td><td></td><td></td><td></td><td></td><td></td><td></td></tr>
<tr><td rowspan="6">以个人为单位处罚</td><td rowspan="6">违纪</td><td>（1）点名批评减5分</td><td></td><td></td><td></td><td></td><td></td><td></td></tr>
<tr><td>（2）警告减10分</td><td></td><td></td><td></td><td></td><td></td><td></td></tr>
<tr><td>（3）严重警告减15分</td><td></td><td></td><td></td><td></td><td></td><td></td></tr>
<tr><td>（4）记过减20分</td><td></td><td></td><td></td><td></td><td></td><td></td></tr>
<tr><td>（5）留校察看减25分</td><td></td><td></td><td></td><td></td><td></td><td></td></tr>
<tr><td>（6）试读减30分</td><td></td><td></td><td></td><td></td><td></td><td></td></tr>
</table>

（续上表）

考核指标	写实性详细记录个人本学期表现情况（取得的成绩、参加活动、有关获奖等）		学生自评		学生互评		教师评价	
			加分	减分	加分	减分	加分	减分
以个人为单位处罚	行为习惯	（1）迟到、早退减1分/次						
		（2）请事假减1分/节，请病假减0.5分/节						
		（3）旷课减3分/节						
		（4）带零食减1分/次						
		（5）教室或寝室“7S”未达标减1分/次						
		（6）上课（晚自习）讲空话减1分/次						
		（7）上课（晚自习）睡觉减1分/次						
		（8）乱扔垃圾减1分/次						
		（9）不交作业减1分/次						
		（10）无故不做（出）操（包括课间操、眼操）减2分/次，做操（包括课间操、眼操）不认真减1分/次						
		（11）餐盘不回收减1分/次						
		（12）不排队（包括就餐）减1分/次						
		（13）上卫生间不冲水减2分/次						
		（14）工具房工具摆放不整齐、不整洁减1分/次						
		（15）未经别人允许，私自翻别人课桌减1分/次						
		（16）破坏公共财物减4分/次						
		（17）有不尊敬师长和学生的言行举止减3分/次，顶撞老师或家长减5分/次						

（续上表）

考核指标	写实性详细记录个人本学期表现情况（取得的成绩、参加活动、有关获奖等）		学生自评		学生互评		教师评价	
			加分	减分	加分	减分	加分	减分
以个人为单位处罚	行为习惯	（18）仪容仪表不达标（包括校牌、校服、裤裙、首饰等，男生、女生染发，男生留长发或理光头、理怪发，穿拖鞋、背心，赤膊，女生浓妆，穿高跟鞋、吊带裙）减2分/次						
		（19）在学校内使用手机除处分减分外，另外发现使用减2分/次，拒交手机减4分/次						
		（20）擅自调换移动床位、拼铺，私自留宿外来人员减1分/次						
		（21）私接电源减3分/次						
		（22）课间未经允许在教室收看电视节目或玩电脑减2分/次						
		（23）私自从事有安全隐患的活动或学校明令禁止的活动减10分/次						
		（24）私自带管制刀具等违纪物品来校减5分/次						
		（25）集体项目在校班级后15%的班级减2分/次						
总得分								

表5－2　慈溪杭州湾中等职业学校学生家庭行为评价样表

班级：＿＿＿＿＿＿　姓名：＿＿＿＿＿＿　等级：＿＿＿＿＿＿

评价要点			评价指标				自评	家长评价
一级指标		二级指标	A 10	B 8	C 6	D 4		
序号	内容							
1	诚实守信	①不说谎，不隐瞒真相，不弄虚作假；②答应他人的事一定做到；③把在学校的表现如实向家长汇报；④出门向父母汇报去向；⑤借用物品及时归还						

（续上表）

评价要点			评价指标				自评	家长评价
一级指标		二级指标	A	B	C	D		
序号	内容		10	8	6	4		
2	孝敬长辈	①早起问早，离家道别，回家问好，临睡请安；②尊敬长辈，能用尊称称呼长辈；③能记住父母的生日						
3	礼貌待人	①主动迎送客人；②用餐请客人或长辈先就座						
4	与人交往	①与父母经常交流沟通；②遇到熟人主动打招呼，热心帮助他人；③不与社会不良青少年交往						
5	学习习惯	①做好预、复习工作；②认真独立完成作业；③阅读各种课外读物，拓宽知识面						
6	对待困难	①对待家长的批评能虚心接受，不顶撞；②遇到困难能及时向家长倾诉；③自己积极寻求解决困难的办法						
7	家务劳动	①每天保证10～15分钟的劳动时间；②会洗涤自己及家人的衣物等；③经常打扫自己和父母的房间						
8	生活习惯	①注意个人卫生习惯；②不睡懒觉；③不玩让家长不放心的游戏；④在家保持学校"7S"良好习惯						
9	德育作业	按照要求认真完成学校布置的德育作业						
10	热爱村（社）区	①维护村（社）区卫生；②参加村（社）区活动						

注：（1）A级（10分）是自觉行为、理智行为、坚持性行为。

B级（8分）是遵从行为，能够按照要求去做，表现为服从和听话。

C级（6分）是被动和消极行为。

D级（4分）即都没有做到。

（2）当月学生家庭行为评价得分：取自评的40%与家长评价的60%。

（3）等级：90分及以上为A，80～89分为B，70～79分为C，70分以下为D。

表 5－3　慈溪杭州湾中等职业学校实习生见习评估样表

<table>
<tr><td>实习单位</td><td colspan="3"></td><td>评估日期</td><td colspan="5"></td></tr>
<tr><td>姓名</td><td></td><td>性别</td><td></td><td>实习岗位</td><td colspan="5"></td></tr>
<tr><td>实习期限</td><td colspan="3">年　月　日—　年　月　日</td><td>部门</td><td colspan="5"></td></tr>
<tr><td colspan="10">部门对实习生的表现考核</td></tr>
<tr><td></td><td>项目</td><td colspan="3">要求</td><td>优秀</td><td>良好</td><td>一般</td><td>合格</td><td>较差</td></tr>
<tr><td rowspan="4">工作表现</td><td>工作质量</td><td colspan="3">工作能及时、准确、完全和圆满地完成</td><td></td><td></td><td></td><td></td><td></td></tr>
<tr><td>工作效率</td><td colspan="3">时间、资金和其他资源要在恰当的时间和范围内使用</td><td></td><td></td><td></td><td></td><td></td></tr>
<tr><td>出勤情况</td><td colspan="3">不迟到、不早退、不旷工</td><td></td><td></td><td></td><td></td><td></td></tr>
<tr><td>工作结果</td><td colspan="3">学生的工作达到何种效果，记录并定期汇报</td><td></td><td></td><td></td><td></td><td></td></tr>
<tr><td rowspan="7">知识技能</td><td>解决问题能力</td><td colspan="3">工作中遇到的问题最终被解决</td><td></td><td></td><td></td><td></td><td></td></tr>
<tr><td>沟通能力</td><td colspan="3">学生、同事和领导间的沟通流畅，无障碍</td><td></td><td></td><td></td><td></td><td></td></tr>
<tr><td>客户关系</td><td colspan="3">学生与客户间的协作水平达到最好限度</td><td></td><td></td><td></td><td></td><td></td></tr>
<tr><td>领导能力</td><td colspan="3">正确领导学生的发展或发展方向</td><td></td><td></td><td></td><td></td><td></td></tr>
<tr><td>公共关系技巧</td><td colspan="3">沟通能力、表达能力及理解力简明、清楚</td><td></td><td></td><td></td><td></td><td></td></tr>
<tr><td>工作知识</td><td colspan="3">学生应有足够的实际工作知识和技能，以适应工作的需要</td><td></td><td></td><td></td><td></td><td></td></tr>
<tr><td>工作主动性</td><td colspan="3">学生对自己的工作应有明确的目标，并能积极主动独立完成</td><td></td><td></td><td></td><td></td><td></td></tr>
<tr><td colspan="2">实习单位建议指导</td><td colspan="8">实习部门（签字）：　　　　年　月　日</td></tr>
</table>

表 5－4　慈溪杭州湾中等职业学校社区服务实践评价样表

<table>
<tr><td>社区名称</td><td colspan="3"></td><td>评估日期</td><td colspan="3"></td></tr>
<tr><td>姓名</td><td></td><td>性别</td><td></td><td>班级</td><td colspan="3"></td></tr>
<tr><td>实践时间</td><td colspan="4">年　月　日—　年　月　日</td><td>实践岗位</td><td colspan="2"></td></tr>
<tr><td colspan="8">表现考核</td></tr>
<tr><td>评价项目</td><td colspan="2">要求</td><td>优秀</td><td>良好</td><td>一般</td><td>合格</td><td>较差</td></tr>
<tr><td>参与精神</td><td colspan="2">主动参与，兴趣浓厚，认真踏实，工作勤恳，坚持到底</td><td></td><td></td><td></td><td></td><td></td></tr>
<tr><td>工作作风</td><td colspan="2">计划周密，措施得当，调查客观翔实，分析细致，守时守纪，讲求效率</td><td></td><td></td><td></td><td></td><td></td></tr>
<tr><td>组织合作</td><td colspan="2">分工明确，团结协作，配合默契，相互支持，资源共享，共同攻克难题</td><td></td><td></td><td></td><td></td><td></td></tr>
<tr><td>学习方式
知识水平</td><td colspan="2">学习方式灵活，综合运用科学知识和生活经验，整合有效的教育资源、笔记、卡片等成果，资料搜集整理规范，针对性强，具有典型性、概括性，独立操作与迁移能力强，文字表达和计算准确，宣传推广具有感染力</td><td></td><td></td><td></td><td></td><td></td></tr>
<tr><td>搜集信息能力</td><td colspan="2">信息来源渠道多样，能快捷地进行搜集、整理并获得大量信息，内容全面，筛选准确</td><td></td><td></td><td></td><td></td><td></td></tr>
<tr><td>创新能力</td><td colspan="2">善于观察、分析、思考，能提出创新的观点和独特的见解，出色地完成工作任务，评价、宣传、推广创意，大胆创新</td><td></td><td></td><td></td><td></td><td></td></tr>
<tr><td>社会交往采访</td><td colspan="2">能多种方式进行社会调查，懂得在社会中如何与各类组织机构及个人打交道，善于与人沟通交流，动手实践能力强，调查翔实，观点独特</td><td></td><td></td><td></td><td></td><td></td></tr>
<tr><td>工作成效</td><td colspan="2">能完整地处理事务，能根据调查研究结果提出意见和有价值的建议，扩大学习活动成果，把握进度，适合调整计划目标，及时反馈，完成任务速度快、质量好、信度高</td><td></td><td></td><td></td><td></td><td></td></tr>
<tr><td colspan="3">社区建议指导</td><td colspan="5">社区部门（签字）：
年　月　日</td></tr>
</table>

三、案例

海阔凭鱼跃，天高任鸟飞

幸福而紧张的校园生活，如早已泛黄的老照片，在我们眼前一张张翻过。展望未来，要仰望星空，也要脚踏实地。面对我这位来自母校的采访者，眼前的这位事业有成的实干家既谦虚又从容，将求学和创业中的艰辛、彷徨与喜悦娓娓道来。而坐在他那宽敞的办公室里，我也一次次为之感叹：时间如醇酒，历久弥香，已经取得的成绩，对这位慈溪技校走出的创业之星来说，仅仅是万里长征的第一步。

眼前的这个人，叫应挺。算起来，离开母校已经十几年了。重视立德、强技、创新、尚美的优良校风，使应挺如沐春风。在母校，应挺刻苦学习，勤练技术。班主任王上杭老师、专业领路人俞家列老师等风格各异而又技术扎实，给应挺留下了深刻的印象。他心慕手追，如鱼得水，孜孜不倦，朝着自己设定的目标而奋勇前进。

1998 年毕业后，应挺来到现在的德邦印务公司，一直工作至今。今天，当问到成功的要素时，他首先提到了“努力”。是啊，“天行健，君子以自强不息”，这个道理亘古不变。应挺是以机械工的身份加入德邦印务公司的，尽管他在机械专业上有着娴熟的技术，但为了适应新的形势，他毅然转为印刷工，并到宁波技师学院进行一年多的培训学习，考取了高级技工的资格证书。学一行，爱一行；爱一行，精一行。说起这段艰辛而充实的往事，他感慨良多。穷则变，变则通，如果没有当初的转变，说不定就没有今天的成功。而在这个全新的领域里，如果想取得成功，掌握出众的技术，仅凭当初的选择是远远不够，要比别人付出更多的汗水和努力，他一如当年在技校求学的日子，勤学苦练，注重实践经验，虚心向老师请教，终于练就了一身出色的本领。

现代世界瞬息万变，社会竞争越来越激烈，终身学习的理念深入人心，即使拥有了知识与技术的应挺，深切知道自己不能因此而沾沾自喜，更不能裹足不前，而应该不断为自己“充电”。应挺说：“虽然现在已经在单位里担任领导职务，工作非常忙，但是他经常抽出时间来，加强各方面的学习。”目前，应挺已经获得了本科学历。

说起成功的因素，应挺还提到了另外两个关键词——“团队”和“机遇”。

在访谈的过程中，应挺也非常自豪地谈到他身后这个强有力的团队。目前的德邦印务公司拥有120多名职工，而属于生产部的职工就有80多名，约占总人数的70%，作为这个团队的领导，应挺清醒地认识到团队的力量，特别是当公司业务繁忙的时候，如果想仅凭借一己之力去取得卓越的成果，是非常困难的。所以，应挺花更多的时间和心血来关心爱护职工。他放弃本可以尽情享受的周末，只要有员工在加班加点，他必定会来单位看看。平日里，在不损害公司利益的前提下尽量为职工争取良好的工作环境和生存条件。长此以往，他也得到了下属的欢迎和尊敬，更促使他在事业上蒸蒸日上。

而机遇总是青睐有准备的人。正因为应挺的不懈追求，他的专业之路也越走越宽，而身后的团队又给了他信心和鼓励。这些年来，凭着自己的努力，他从普通员工做起，一步一个脚印，两三年就做到了车间主任，再用不到几年的工夫，成为生产部副部长、部长。现在，在一次次向领导交出出色的“答卷”后，他备受信任，成为德邦印务公司的总经理助理，有了更为广阔的发展前景。

海阔凭鱼跃，天高任鸟飞。让我们共同祝愿这个从慈溪技校走出的执着的优秀毕业生能够做得更好，走得更远！

四、延伸

每天多做一点

卡洛·道尼斯最初为杜兰特先生工作时，职务很低，但现在已成为杜兰特先生的左膀右臂，担任其下属一家公司的总裁。他之所以能如此快速地升迁，秘密就在于“每天多做一点”。

他平静而简短地道出了其中的缘由：“在为杜兰特先生工作之初，我就注意到，每天下班后，所有的人都回家了，杜兰特先生仍然会留在办公室里继续工作到很晚。因此，我决定下班后也留在办公室里。是的，的确没有人要求我这样做，但我认为自己应该留下来，在需要时为杜兰特先生提供一些帮助。”

“工作时杜兰特先生经常找文件、打印材料，最初这些工作都是他亲自来做。很快，他就发现我随时在等待他的召唤，并且逐渐养成招呼我的习惯……”

杜兰特先生为什么会养成召唤道尼斯的习惯呢？因为道尼斯主动留在办公室，使杜兰特先生随时可以看到他，并且道尼斯诚心诚意地为杜兰特先生服务。这样做获得了报酬吗？没有。但是，他获得了更多的机会，最终获得了提升。

我们再来听听艾伦的故事。对艾伦一生影响深远的一次职务提升是由一件小事引起的。一个星期六的下午，一位律师（其办公室与艾伦的同在一层楼）走进来问他，哪儿能找到一位速记员来帮忙，手头有些工作必须当天完成。

艾伦告诉他，公司所有速记员都去观看球赛了，如果他晚来5分钟，自己也会走。但艾伦同时表示自己愿意留下来帮助他，认为“球赛随时都可以看，但是工作必须在当天完成”。

做完工作后，律师问艾伦应该付他多少钱。艾伦开玩笑地回答：“哦，既然是你的工作，大约1 000美元吧。如果是别人的工作，我是不会收取任何费用的。”律师笑了笑，向艾伦表示谢意。

艾伦的回答不过是一个玩笑，并没有真正想得到1 000美元。但出乎艾伦意料，那位律师竟然真的这样做了。6个月之后，在艾伦已将此事忘到了九霄云外时，律师却找到了艾伦，交给他1 000美元，并且邀请艾伦到他的公司工作，薪水比现在高出1 000多美元。

艾伦放弃了自己喜欢的球赛，多做了一点事情，最初的动机不过是出于乐于助人的愿望，也不是金钱上的考虑。艾伦并没有义务放弃自己的休息时间去帮助他人，但他的这种放弃不仅为自己增加了1 000美元的现金收入，而且为自己带来比以前更重要、收入更高的职务。

付出多少，得到多少，这是一个众所周知的因果法则。也许你的投入无法立刻得到相应的回报，但不要气馁，应该一如既往地多付出一点。回报可能会在不经意间，以出人意料的方式出现。

（原文链接：http://blog.sina.com.cn/s/blog_611a0e200100im8d.html。）

第六章

学校荣誉

“德育生活化”育人模式，经过近几年的实施和完善，成效显著。学校办学整体实力提升，学生素养不断提高，学生专业技能大发展，全国各地310余批同仁来学校考察学习。“德育生活化”育人模式得到了《光明日报》《中国教育报》《浙江日报》等主流纸质媒体，以及央广网、新华网、人民网、腾讯网等大型网站的争相报道。

一、2011—2016年学校获得的宁波市级及以上集体荣誉

表6－1 2011—2016年学校获得的宁波市级及以上集体荣誉一览表

序号	奖项	颁奖单位	颁发时间
1	慈溪技师学院（筹）	浙江省人民政府	2014年8月
2	国家重点技工学校	中华人民共和国人力资源和社会保障部	2013年1月
3	省级重点技工学校	浙江省人民政府	2012年3月
4	中国计划生育协会青春健康教育示范基地	中国计划生育协会	2016年2月
5	浙江省中职德育实验基地	浙江省教育厅、财政厅	2014年8月
6	浙江省中小学心理辅导一级站	浙江省中小学心理健康教育指导中心	2013年12月
7	浙江省红十字达标校	浙江省红十字会、浙江省教育厅、共青团浙江省委员会	2014年12月
8	“德育生活化”课题获2016年浙江省教学成果奖一等奖	浙江省人民政府	2016年10月
9	“德育生活化”课题获宁波市第七届教学成果奖一等奖	宁波市人民政府	2015年7月
10	宁波市职业教育先进单位	宁波市教育局、宁波市人社局、宁波市经济委员会	2003年5月
11	宁波市德育工作先进集体	宁波市教育局	2015年5月
12	宁波市青春健康项目基地	宁波市计划生育协会	2013年7月
13	宁波市青少年法制教育基地	宁波市委宣传部、司法局、普法办	2015年5月
14	第五批宁波市级示范家长学校	宁波市妇联、教育局	2014年12月
15	宁波市园林式单位	宁波市城区绿化委员会	2014年1月
16	宁波市教育系统关心下一代工作先进集体	宁波市教育局	2015年12月
17	宁波市五好学校关工委	宁波市委教育工委、宁波市关工委	2015年12月
18	2012年参加全国职业院校技能大赛特别贡献奖	宁波市教育局	2012年12月

（续上表）

序号	奖项	颁奖单位	颁发时间
19	2013年参加全国职业院校技能大赛特别贡献奖	宁波市教育局	2013年12月
20	宁波市“十二五”期间参加全国职业院校技能大赛卓越贡献奖	宁波市教育局	2015年2月
21	2015年参加全国职业院校技能大赛特别贡献奖	宁波市教育局	2015年2月
22	2015年度宁波市级以上职业教育技能大赛先进学校一等奖	宁波市教育局	2015年2月
23	宁波市2013—2014年教育科研先进集体	宁波市教育科学规划领导小组、宁波市教育科学研究所	2015年1月
24	宁波市先进团组织	共青团宁波市委	2015年1月
25	宁波市5A级平安校园	宁波市平安办、综治办、教育局、公安局	2015年4月
26	宁波市中等职业学校创业创新教育试点学校	宁波市教育局	2012年5月
27	宁波市中等职业学校书法学生德育工作优秀学校	宁波市教育局	2011年5月
28	宁波市中等职业学校书法教育试点学校	宁波市教育局	2011年5月

二、2011—2016年宁波市级及以上主流媒体报道汇总

表6-2 2011—2016年宁波市级及以上主流媒体报道汇总表

序号	时间	标题	媒体
1	2011年4月26日	杭州湾走来金色蓝领	《浙江日报》
2	2011年5月28日	宁波杭州湾职校自主招生新生报到	人民网
3	2012年8月	彩虹飞来为天桥，巨龙卧波笑海风——浙江省慈溪杭州湾职校发展纪实	《长三角教育》
4	2012年10月15日	白天上课，晚上上班——杭州湾职校有个建教合作班	人民网、浙江在线、《宁波日报》、宁波网

（续上表）

序号	时间	标题	媒体
5	2012 年 10 月 18 日	让家长敢于有“奢望”——慈溪市技工学校（杭州湾中等职业学校）开展“生活教育”纪实	《浙江教育报》
6	2013 年 4 月 9 日	校企合作共同培养“金色蓝领”	《宁波日报》
7	2013 年 5 月 18 日	诵读经典“催化”行为习惯改变	《东南商报》
8	2013 年 5 月 23 日	慈溪市技工学校（杭州湾中等职业学校）简介	浙江在线
9	2013 年 5 月 26 日	慈溪杭州湾职校：在学生埋下“军人”种子	腾讯网、浙江在线
10	2013 年 5 月 26 日	杭州湾职校学生成立快递服务中心	浙江在线
11	2013 年 5 月 28 日	熨衣、美容……杭州湾职校“1 + X”激发学生生活热情	浙江在线
12	2013 年 5 月 28 日	杭州湾中等职业学校：“生活教育”润育自信少年	浙江在线
13	2013 年第 7 期	取精用弘　厚德健行——慈溪杭州湾中等职业学校是这样“炼”成的	《职业》（中旬）
14	2013 年 10 月 31 日	中职校园内办起学生创业街	人民网、《浙江教育报》《宁波日报》
15	2013 年 11 月 26 日	取精用弘　厚德健行——慈溪杭州湾中等职业学校是这样“炼”成的	浙江在线
16	2013 年 12 月 5 日	杭州湾职校有 60 个冠名班	《杭州日报》
17	2014 年 1 月 21 日	天生脑瘫的他有个中国梦：做志愿者，帮助更多的人	《钱江晚报》
18	2014 年 5 月	依托“花季关护工作室”，构建三项机制，呵护学生心灵	《长三角教育》
19	2014 年 5 月	以人名校，追求卓越	《中小学德育》
20	2014 年 6 月 16 日	承办第十二届全国工程建设系统焊工、冷作钣金工、无损检测员职业技能竞赛	《中国建设报》
21	2014 年 7 月 26 日	慈溪市成立首个农民学校	《东南商报》
22	2014 年 8 月 11 日	检校合作：“花季关护工作室”更温馨	《德育报》

（续上表）

序号	时间	标题	媒体
23	2014 年 10 月 1 日	慈溪技师学院（筹）、慈溪市技工学校搭建高技能人才培养平台，服务慈溪经济社会科学发展	《东南商报》
24	2014 年 10 月 18 日	贺：慈溪市技工学校升格为慈溪技师学院（筹）	宁波电视台
25	2014 年 11 月 25 日	杭州湾职校近千学生争当厕所保洁员	人民网、《宁波日报》
26	2014 年 11 月 25 日	胸怀天下而甘扫一屋，杭州湾职校近千学生争当厕所保洁员	宁波网
27	2014 年 11 月 26 日	300 颗“孝德之星”闪耀“杭职”校园	人民网、《宁波日报》
28	2014 年 11 月 26 日	学生争当厕所保洁员现象引热议，众多读者、网友为“杭职”点赞	《宁波日报》
29	2014 年 11 月 27 日	“杭职”制定爱国主义教育的 30 个“细节”	《宁波日报》
30	2014 年 11 月 27 日	慈溪杭州湾职校：两本特殊的“作业本”	宁波电视台
31	2014 年 11 月 28 日	润物细无声——“德育生活化”在杭州湾职校的实践	《宁波日报》、宁波文明网
32	2014 年 11 月 28 日	把立德树人放在首位	《宁波日报》
33	2014 年 11 月 28 日	“德育生活化”在杭州湾职校的实践	中国文明网
34	2014 年 11 月 30 日	杭州湾职校德育新举措引发热议　本网推出专题报道	中国文明网
35	2014 年 12 月 1 日	刘奇对“杭职现象”作出批示	《宁波日报》
36	2014 年 12 月 1 日	杭州湾职校“德育生活化”　绝大多数网友投票叫好	光明网、中国网、《宁波日报》
37	2014 年 12 月 1 日	细节入手开展社会主义核心价值观教育	光明网
38	2014 年 12 月 1 日	宁波一中专上千学生竞争本校厕所保洁员	人民网、央广网、腾讯网
39	2014 年 12 月 2 日	宁波一学校招标厕所保洁员　上千学生竞争上岗	光明网、新华网
40	2014 年 12 月 15 日	三问“杭州湾职校现象”	《浙江教育报》

（续上表）

序号	时间	标题	媒体
41	2015 年 1 月 4 日	甬江两岸遍开文明花——浙江宁波推进社会主义核心价值观落小落细落实	《光明日报》、光明网
42	2015 年 1 月 9 日	榜样！慈溪“差生”职校三年成功“逆袭”	央广网
43	2015 年 1 月 30 日	十六岁，花季如歌——寻找慈溪杭州湾职校德育生活化的细节	中国网、《浙江日报》、浙江在线
44	2015 年 3 月 31 日	杭州湾职校“101 个细节”让德育生活化	《中国教育报》
45	2015 年 3 月 31 日	德润心灵践行早，企业锤炼路不遥	《德育报》
46	2015 年 4 月 3 日	杭州湾中职学校：“101 个细节”让德育生活化	浙江职成教网
47	2015 年 5 月 5 日	大力推进创新攻坚，打造经济转型新引擎	《宁波日报》
48	2015 年 5 月 6 日	省委常委、宁波市委书记刘奇现场指导杭州湾职校“德育生活化”工作	宁波文明网
49	2015 年 5 月 13 日	“全国劳模钱海军服务创新工作室”落户杭州湾职校，传承劳模精神	人民网
50	2015 年 6 月 6 日	劳模进职校，上好“两门课”	《东南商报》
51	2015 年 12 月 9 日	为孩子扣好第一颗纽扣——浙江省慈溪市德育活水浇灌校园之花	《光明日报》、光明网
52	2015 年 12 月 9 日	浙江慈溪：核心价值观教育融入学校教育全过程	央广网
53	2015 年 12 月 9 日	浙江省慈溪市：德育活水浇灌校园之花	中国文明网、中国农业新闻网
54	2015 年 12 月 17 日	播音稿	央广新闻
55	2015 年 12 月 28 日	没有课堂的“德育课”——慈溪 136 所中小学校德育教育纪实	《浙江日报》
56	2016 年第 2 期	给职校生一个“鱼跃龙门”的机会	《职业》（中旬）
57	2016 年 4 月 13 日	慈溪以内涵发展促教育现代化	《浙江教育报》
58	2016 年 5 月 24 日	20 岁小伙的“工匠之心”	《宁波日报》

三、2016年浙江省中等职业教育教学优秀成果（德育类）推广交流会在杭州湾职校召开

图6－1 开幕式现场

今年是慈溪市职业教育的丰收之年，在中职教育领域硕果累累，在近期公布的省教学成果奖获奖名单中，慈溪杭州湾中等职业学校的《中等职业学校“德育生活化”育人模式的研究与实践》、锦堂职高的《中职汽修专业校企“双循环”技能教学模式的探索与实践》分获职业教育类一、二等奖，首次取得职业教育金色奖牌。站在这一新高度与新起点，我们迎来了又一难得的机遇——2016年浙江省中等职业教育教学优秀成果（德育类）推广交流会在慈溪杭州湾中等职业学校召开，这次活动由浙江省教育科学研究院、浙江省教育厅职成教教研室主办，宁波教育科学研究所、宁波市教育局职成教教研室协办。

12月6日下午，推广交流会在慈溪杭州湾中等职业学校开幕，浙江省教育厅职成教教研室研究员张建国主持大会，中国教育科学研究院职教研究所所长孙诚、姜泽许博士，浙江省教育科学研究院院长朱永祥，浙江省教育厅职成教处副处长高迎春，浙江省教育科学规划办副主任沈佳乐，宁波市教育局职教处处长陈

鸿洋，宁波市教育科学研究所所长沈海驯，宁波市职成教教研室书记吕冲定，慈溪市教育局局长张志锋、副局长孙剑波等出席开幕式，来自全省各地职业院校的同仁相聚于此，共同探讨如何深入推进中职德育工作。

慈溪市教育局局长张志锋代表全市教育系统致欢迎辞，他向与会代表介绍了慈溪教育发展的基本方向、主要目标以及所获得的成绩，指出慈溪职业教育事业的蓬勃发展，依托于不断完善的现代职业教育体系，需要持续深化校企合作、产教融合、中高职衔接，探索适应地方经济发展的职业教育办学新模式。近几年来，我市职业教育通过实施中职“1133”德育模式，积极创新德育工作方法，扎实推动“三全”育人机制和“德育导师制”“八大联动”等工作载体，形成了如慈溪杭州湾中等职业学校的“德育生活化”、慈溪职高的“一平米好习惯”、行知职校的“绿色德育”、锦堂职高的“蓝精领”和周巷职高的“雁文化”等“一校一品”的德育特色。他希望，与会领导和专家广泛交流，为学校德育工作和教育事业发展多提宝贵建议，以本次成果推广交流会为契机，进一步深化学校德育工作，不断提高学校德育工作水平。

图6－2　慈溪市教育局局长张志锋致辞

浙江省教育厅职成教处副处长高迎春发表讲话。他认为要充分认识到中职德育在中职教育中的重要作用，德育工作推进要践行好“四大意识”：一是“第一意识”，意识到立德树人具有重要性，校长、老师责任重大；二是“底线意识”，保障学校秩序安全稳定，严防死守学生纪律、规矩、习惯等问题；三是“创新意识”，新形势、新内容下，有许多问题需要用新思维加以解决；四是“研究意识”，用课题研究推动德育工作更上一层，促进学校工作德育与省内要求、国家标准接轨。

图6－3　浙江省教育厅职成教处副处长高迎春讲话

随后，浙江省教科院院长朱永祥进行发言。他指出，当前中职德育工作开展有不少困难，中职学生违法、欺凌、斗殴事件时有发生，中职毕业生存在品德竞争力不强、发展前景不佳等问题，花大力气抓德育工作，在中职领域有特殊价值。为此，他重点强调了本次推广交流会的初衷：以研究思路对待德育工作，在学习、借鉴、专家点评中把中职德育工作做得更有特色。

图6－4　浙江省教科院院长朱永祥讲话

开幕式结束后，慈溪杭州湾中等职业学校邵佳洪和宁海县职教中心副校长袁哲海分别就自己所负责的课题“中等职业学校‘德育生活化’育人模式的研究与实践”以及“重拾散落的光亮——中职违纪学生‘阳光辅导’实践研究”，做了深入浅出、生动形象的展示与报告，并与现场同仁进行探讨、交流。

图 6－5　慈溪杭州湾中等职业学校邵佳洪作成果推广报告

12 月 7 日上午，杭州市富阳区职教中心的黄宏忠以及温州瓯海职业中专集团的单克胜分别带来“‘第一技能’：德育新常态的探索”与“‘德育银行’：中职学校德育管理新模式”的成果推广报告，会议结束后，全体与会成员一同前往宁波方太厨具有限公司参观，体验特色企业文化。

图 6－6　与会代表积极提问

本次成果推广交流会的召开，为全市教育工作者提供了与各位专家、学者、同行近距离交流、切磋学习的机会，慈溪职业教育将以此次推广会为契机，实践与科研共行，探索不止，前进不息，谋划更大的中职德育蓝图，开创更为广阔的职教发展新格局。